Das Smoothie-Maker Praxisbuch

Für ein beflügelndes und belebendes Körpergefühl

ANGELINA LARSSON

HUNTING PHOENIX

Bibliografische Informationen der Deutschen Nationalbibliothek

Die Deutsche Nationalbibliothek verzeichnet diese Publikation in der Deutschen Nationalbibliografie. Detaillierte bibliografische Daten sind im Internet über http://dnb.d-nb.de abrufbar.

Dieses Buch ist auch als eBook erhältlich.

Für Fragen und Anregungen:

info@hunting-phoenix.de

Ungekürzte Ausgabe 2019 - 2. Auflage: Mai 2020

Hunting Phoenix UG (haftungsbeschränkt)

Liebknechtstr. 30, 39108 Magdeburg

Druck: Amazon Deutschland oder Partner

Der Druck erfolgt mit chlorfreier Tinte und das säurefreie Papier für den Innenteil des Buches wird von einem Anbieter mit Forest Stewardship Council-Zertifizierung bezogen. Alle Abfälle, die beim Drucken entstehen und sich im Büroalltag ansammeln, werden ordentlich recycelt und verwertet. Zudem werden in der Zukunft weiterhin Prozesse stattfinden, um die Umweltfreundlichkeit zu versichern. Damit verpflichtet sich der Druckpartner Amazon und seine Partner dazu, seinen Teil zum Umweltschutz beizutragen.

ISBN: 978-3-949022-00-5

Ausführliche Informationen über unsere Autoren und Bücher unter:
www.hunting-phoenix.de

HUNTING PHOENIX

INHALT

„Wer nicht jeden Tag etwas Zeit für seine Gesundheit aufbringt, muss eines Tages sehr viel Zeit für die Krankheit opfern"

Sebastian Kneipp

Dieses Buch widme ich allen Menschen, die Körper, Geist und Seele etwas Gutes tun wollen:

Dein Körper ist das Heim deiner Seele und deine Gesundheit das höchste Gut, was du hast. Achte gut auf dein Geschenk, denn es wird dich an die schönsten Orte dieser Welt bringen, die du jemals erlebt hast.

Schön, dass es dich gibt.

Hinweis:

Aus Liebe zur Umwelt verzichten wir bei den Rezepten auf Bilder und Farbdruck.

Das Leben, das du führen möchtest

In diesem Buch geht es um viel mehr als nur um Smoothies trinken, zubereiten und mixen. Dieses Buch hat das Potenzial dein Leben zu verändern. Es wird dir den richtigen Weg zeigen, dafür sorgen, dass du dich rundum wohl und glücklich fühlst. Aber wie schaut ein glückliches und gesundes Leben aus? Diese Frage stellen sich täglich Millionen Menschen. Sie sehnen sich nach Vitalität. Sie sehnen sich nach positiver Energie und nach einem stressfreien Alltag. Ein Leben, das mit Glück, Liebe und Entspannung gefüllt ist. Aber kann man das erreichen? Ist dies möglich und wenn ja – wie kann das funktionieren?

Ich möchte dir helfen. Ja genau, du hast richtig gelesen – Ich möchte dir helfen, dich unterstützen und dir zeigen, wie du neue Lebenskraft gewinnen kannst. Das Schöne daran ist, dass es gar nicht SO kompliziert und schwer ist. Das Stichwort lautet hier, nämlich "Smoothies". Mit Smoothies habe ich mein Leben verändert und das zum Positiven. Ich habe das Maximum an Vitalität gewonnen und bin unsagbar dankbar, dass ich diesen essenziellen Schritt gewagt habe. Durch die köstlichen, raffinierten und gesunden Smoothies, habe ich das erreicht, wovon Millionen Menschen träumen – ein noch besseres, gesünderes und vitales Leben.

Sicherlich denkst du dir jetzt, dass ich maßlos übertreibe, aber dem ist nicht so. Ich untertreibe eher und möchte dir, in diesem Buch, all das Wissen über Smoothies näher bringen. Man könnte sagen – die "Smoothie-Bibel" für ein wunderbares und vitales Leben. Ein Nachschlagewerk, das dir immer zur Seite stehen soll.

Nun lass mich dir genau erzählen wie alles begann. Nur so kannst du vollkommen nachvollziehen, wie die raffinierten Smoothies mein Leben verändert haben. Ich bin heute immer noch so dankbar und gesegnet und freue mich ungemein, dass ich meine Erfahrungen und mein Wissen, mit dir teilen darf: Vor etwa 6 Jahren habe ich mich dazu entschlossen, mein Leben neu zu gestalten. Ich habe viel gearbeitet, war im Dauereinsatz, 24 Stunden und 7 Tage die Woche erreichbar. Gleichzeitig musste ich auch als Mutter und Ehefrau funktionieren. Mein Leben war von Stress geprägt und ich habe die Signale meines Körpers ignoriert oder besser gesagt - ich habe sie "weggearbeitet". Bis ich zu einem Punkt gelangen bin, an dem ich die Reißleine ziehen musste. Ich war völlig am Ende, hatte keine Kraft mehr und ich spürte von Tag zu Tag wie ausgelaugt ich war. Ich fühlte mich einfach absolut schlecht und war mental nicht mehr anwesend.

Mein Immunsystem und auch meine Abwehrkräfte waren auf "Null" - ein Warnsignal, das ich bis heute nicht vergessen habe. Mein Ehemann, meine Familie, meine Kinder und auch mein engerer Freundeskreis haben die Veränderung bemerkt. Ich sah blass aus, ich wirkte schlapp, ich bekam Augenringe und meine Verfassung war sichtlich angeschlagen. Mein Bekanntenkreis sprach mich darauf an, aber ich wollte es nicht wahrhaben, dass es mir so schlecht ging. Für mich ist es wichtig, dass ich immer 100-prozentigen Einsatz zeige, eine gute Mutter bin und natürlich auch in meinem Job glänzen kann. Aber ich hatte nicht daran gedacht, dass auch mein Akku irgendwann zu Ende gingen. Dass ich an einem Punkt gelange, an dem ich innerlich zusammenfalle - wie ein instabiles Kartenhaus. Ich habe letztendlich meine Bedürfnisse beiseite gelegt. Ich habe sie tief vergraben und nie an sie gedacht.

Eines Tages, es war ein Samstagvormittag, stand ich vor dem Spiegel und sah mich von oben bis unten an. Ich war in Schock! Ich war einfach nicht mehr dieselbe Frau, die mit hohem Selbstbewusstsein, durch das Leben ging. Ich fühlte mich krank und wusste - JETZT muss ich etwas verändern. Ich sprach mit meinem Mann und er war ebenfalls unglaublich glücklich darüber, dass sich in Zukunft etwas ändern wird. Für ihn ist ein Stein vom Herzen gefallen und er war so froh darüber, dass ich nun die Einsicht hatte. Also habe ich sofort gehandelt und habe meine eigenen Bedürfnisse nicht mehr länger beiseite geschoben. Nun stand ich vor den großen und wichtigen Fragen - "wie kann ich mein Leben gesünder und vitaler gestalten?" und "wie kann ich wieder vollkommen glücklich und zufrieden werden?".

Vor einigen Jahren habe ich einen informativen Bericht über "Smoothies" gelesen, der mich sehr beeindruckt hatte. Eine junge Frau, Mitte 30, hatte neue Lebensenergie durch Smoothies erreicht und lebt seitdem gesünder und vitaler. Sie hatte für jede Lebenslage den passenden Smoothie parat gehabt und entdeckte zudem auch noch die Vielfalt der gesunden Drinks. Egal ob Immunschwäche, Migräne, Nervosität oder Probleme mit dem Magen-Darm-System - für jedes Problem gab es den passenden Smoothie, der dazu auch noch effektiv ist und positive Eigenschaften besitzt. Für mich war klar - ich möchte mein Leben durch Smoothies neu gestalten, meinen Körper reinigen und mein Immunsystem auf ein Maximum bringen. Aber wieso sind Smoothies so gesund und wieso solltest du die gesunden Getränke in deinen Alltag integrieren? Fragen über Fragen, die ich mir gestellt hatte...

In erster Linie solltest du dir Gedanken darüber machen, für welchen Zweck Smoothies gebraucht werden. Smoothies sind generell sehr gesund und können in vielen Hinsichten gebraucht und getrunken werden. Leidest du aktuell an einem grippalen Infekt oder fühlst du dich besonders unwohl? Dann trinke einen köstlichen Smoothie und du versorgst deinen Körper mit wertvollen Vital- und

Nährstoffen, sodass du schneller auf dem Weg zur Besserung kommst. Fühlst du dich schlapp, müde und verfolgt dich eine lästige Migräne? Dann trinke auch hier einen vitalen Smoothie. Denn, was viele Menschen nicht wissen, ist: Jeder Smoothie kann auf deine eigenen und persönlichen Bedürfnisse abgestimmt werden und du kannst somit deine Probleme gezielt in Angriff nehmen. Durch die wirkungsvollen Eigenschaften der einzelnen Zutaten hast du einen super Start und deine Gesundheit und dein Wohlbefinden können sich entfalten und zur Ruhe kommen. Als ich damals mein "Smoothie-Märchen" gestartet habe, hatte ich viele Beschwerden. Ich litt unter folgenden Problemen:

- Migräne und Kopfschmerzen
- Immunschwäche
- Schlappheit und Abgeschlagenheit
- Nervosität und innerer Unruhe
- Panikattacken und Angstzustände
- Magen-Darm-Beschwerden
- Reizdarmsyndrom
- Bauchschmerzen und Magenkrämpfe
- Starke Menstruationsbeschwerden
- Bluthochdruck
- Kreislaufprobleme und Schwindel
- Haarausfall
- Schlafstörungen

Das und noch vieles mehr begleitete mich seit Jahren und ich wollte es nicht wahrhaben, dass es mir schlecht ging. Für mich war es wichtig, dass ich funktionierte - und das Tag für Tag. Ziemlich ungesund, oder? Ich habe auf einem sehr schmalen Faden gelebt und war mir überhaupt nicht bewusst, dass die gesundheitliche Bombe, jederzeit explodieren könnte. Durch das Trinken, Mixen und Zubereiten der diversen Smoothies habe ich neue Lebenskraft und Energie bekommen. Ich fühle mich besser denn je, rundum glücklich und bin sehr dankbar darüber, dass ich diese neue Kraft und den Willen erhalten habe. Nun möchte ich dich positiv beeinflussen, dir den richtigen Weg zeigen und stets für dich da sein. So kannst du nichts falsch machen.

Trinke jeden Tag einen Smoothie und du wirst den Unterschied schnell erkennen

Hast du bisher noch keine oder wenig Erfahrung mit Smoothies gemacht, so lass mich dir Eins sagen: Jeder kleine Aufwand lohnt sich. Jede Zubereitung, eines köstlichen und gesunden Smoothies, ist die Mühe wert. Obwohl man dazu sagen muss, dass die Zubereitung wirklich einfach, effektiv und unkompliziert ist. Es ist eine Frage der Organisation und des Zeitmanagements. Aber wie das genau funktioniert, das erkläre ich dir noch ganz genau.

Da ich mich dazu entschlossen hatte mein Leben neu zu gestalten, hatte ich mir natürlich auch viele Gedanken gemacht. Mir war es besonders wichtig, dass ich den Smoothie in meinen Alltag integriere und das wirklich JEDEN TAG! Denn nur so kann ich auch das erreichen was ich möchte und mir vorgenommen habe. Aber was genau war mein Ziel? Welche Schritte bzw. Punkte wollte ich befolgen, damit ich auch von den Smoothies und deren gesunde Wirkung und Eigenschaften, profitieren konnte?

Folgende Punkte solltest du dir genau vor Augen halten und sie umsetzen:

Punkt 1 - Mache dir positive Gedanken:

Um ein besseres und gesünderes Leben zu führen, musste ich mein "altes" und ungesundes Leben zurücklassen. Das heißt genau: Ich musste meine gesamte Grundeinstellung ändern. Das hört sich im ersten Moment schwierig und kompliziert an - ist es aber nicht. Ich hatte zunächst meine Gedanken geordnet und die Negativen „beiseite" gelegt. Das war ein sehr essenzieller Schritt, den ich nicht so schnell vergessen werde - der erste Stein, für mein neues und gesundes Haus, was ich mir so wunderbar aufgebaut hatte. Das besonders Schöne daran war, dass durch die positiven Gedanken, gleichzeitig meine Motivation anstieg. Ein tolles Gefühl, dass du ebenfalls bald erleben wirst, wenn du diese Schritte umsetzt. Ich war so voller Power, positiver Energie und besaß ein Maximum an Motivation, dass ich sofort starten wollte und dabei noch Bäume ausreißen konnte. Ein so fantastisches Gefühl, dass Lust auf mehr machte!

Kleiner Tipp: *Nimm dir Blatt und Stift zur Hand und schreib dir die positiven Gedanken auf. Hast du mal ein sogenanntes "Tief", so kannst du schnell die positive Energie und Gedanken zurückholen.*

Punkt 2 - Hol dir die Motivation, die du brauchst:

Um sich ein neues Ziel zu setzen brauchst du vor allem eins - Motivation! Motivation ist der kleine aber feine Schlüssel zum Erfolg. Die erste Stufe um ganz nach oben zu kommen. Egal was du tust, du brauchst "Benzin" und "Futter", damit auch das klappt, was du möchtest! Und egal wie schwer der erste Schritt ist - er funktioniert mit einer Prise Motivation. Aber wie genau habe ich es geschafft mir genügend Motivation zu holen? Auch hier kann ich dir sagen - es ist keinesfalls schwer und du wirst den positiven "Nervenkitzel" lieben!

Des Öfteren habe ich einen kleinen Spaziergang gemacht oder saß in meinem Garten - allein. Ich habe mir vorgestellt, wie schön es wäre, wenn ich mein Leben positiv gestalten kann. Allein dieser Gedanke war Gold wert. Danach habe ich mich immer wieder in diese Vision hineinversetzt und war positiv beeindruckt. So entstand letztendlich meine Rezeptur für meine Motivation. Und das soll dir ebenfalls widerfahren.

Kleiner Tipp: *Spazieren gehen kann Wunder bewirken. Such dir ein ruhiges und schönes Plätzchen aus, setze dich hin und genieße die Ruhe. Anschließend atme einmal kräftig durch und gehe vollkommen in dich - eine wirkungsvolle Hilfe, die dir einen klaren Kopf beschafft.*

Punkt 3 - Du hast die Zügel in der Hand:

Egal ob du mit dem Rauchen aufhören möchtest, dir vornimmst dich besser zu ernähren oder mehr Sport treiben willst - um deine Gedanken in Taten umzuwandeln, musst du dich aufrappeln und etwas tun. **NUR DU** hast die Zügel in der Hand, die dich zu einem besseren Leben bringen können. **NUR DU**

allein schaffst es, deine Ziele umzusetzen. Ist erstmal der erste Schritt getan, so schaffst du auch die Anderen. Wichtig ist, dass du Geduld zeigst - denn der Erfolg kann nicht über Nacht zustande kommen.

Kleiner Tipp: *Tue dir was Gutes und belohne dich selbst. Nur so kannst du immer wieder neue Motivation sammeln, die dich zum Ziel bringt. Gleichzeitig entwickelst du Glückshormone, die dich ebenfalls motivieren und animieren. Probiere es aus - es wird dir helfen!*

Punkt 4 - Setze dich nicht unter Druck:

Du hast viel vor und möchtest alles auf einmal bewältigen? Das ist eine absolut falsche Angehensweise und bringt dir eigentlich nichts - diese Einstellung ist sogar vollkommen kontraproduktiv. Ich möchte dir in diesem Buch zeigen, wie du **NACHHALTIG** Erfolg genießen kannst - das ist mein Geschenk an dich. Der schnellste Weg ist nämlich nicht der Effektivste und auch nicht der Schlauste.

Wenn du auf Dauer ein gesundes Leben führen möchtest, dann setze dich nicht unter Druck. Wichtig ist auch, dass du dir nicht all zu viel vornimmst - so kommst du nie ans gesunde und vitale Ziel, welches du erreichen möchtest.

> **Kleiner Tipp:** *Denke an das Gute und verliere niemals dein Ziel vor Augen. Bist du vielleicht genervt, weil es dir zu lange dauert? Dann bleibe ruhig und halte durch. Lese ein gutes Buch, höre schöne Musik oder lache mit deiner Familie und deinen Freunden - positive Gedanken und eine positive Atmosphäre sind mehr als wichtig.*

Wie du lesen und spüren kannst, bringt das Trinken von Smoothies nur Vorteile mit sich, die mich immer wieder faszinieren. Ich bin jeden Tag, von der positiven Wirkung, hoch auf begeistert und freue mich so sehr, dass du ebenfalls davon profitieren kannst. Für mich war das die beste Entscheidung meines Lebens und das möchte ich dir mit diesem Buch weitergeben.

Damit du meine Liebe zu Smoothies auch absolut nachvollziehen kannst, möchte ich dir noch einige effektive Tipps mit auf den Weg geben. Tipps, von denen DU nur profitieren kannst - DU bist immer der Gewinner und das ein Leben lang. Es ist besonders essenziell, dass

die Smoothies in dein Leben integrierst - und das täglich. Trinkst du jeden Tag einen Smoothie, so kannst du WIRKLICH GLÜCKLICH werden. Und das ist kein Trick oder irgendeine "Masche" - es ist die Wahrheit! Brauchst du in Zukunft Rat oder möchtest dich erneut über Smoothies informieren, so kannst du dieses Buch immer wieder zur Hand nehmen. So hast du immer ein Nachschlagewerk und kannst dir erneut durchlesen, wie du das Zubereiten und das Mixen optimal hinbekommst.

So sparst du Zeit beim Smoothie Mixen

Die Frage, die sich ganz viele Menschen stellen und die einen stark überfordern kann, lautet: „Wie kann ich beim Smoothiemixen Zeit sparen?" – Der Faktor Zeit ist einer der Gründe, wieso manche letztendlich das Zubereiten komplett sein lassen oder es nicht täglich durchziehen. Der neue Smoothie Mixer verschwindet wieder im Schrank und das Thema "Smoothie" gehört dann der Vergangenheit an. Sie sind der Meinung, dass das Zubereiten eine Menge Arbeit macht und viel Zeit braucht. **Das ist grundlegend falsch!**

Ich möchte dir zeigen, wie du mit wenig Zeit, deine Smoothies in den Alltag integrieren kannst. Du sollst nicht stundenlang in der Küche stehen - Nein! Du sollst auch nicht überfordert sein oder dir ZU VIEL Zeit einplanen. Smoothies zubereiten soll dir natürlich in erster Linie Spaß machen und dich auch nicht von anderen wichtigen Dingen abhalten. Denn umso leichter das Mixen ist, desto mehr Freude hast du daran. Bevor du die Tricks des Mixens und Zubereitens kennenlernst, musst du dich erstmal organisieren. Das heißt - du musst dir einen anständigen Plan erstellen, der dir hilft und der genau auf dich abgestimmt ist. Schauen wir uns erstmal die Zutaten ganz genau an. Welche Zutaten darf man verwenden und welche sind eher ungeeignet? Das Schöne an einem Smoothie ist, dass du fast alles verwenden kannst. Es gibt so leckere Obst- und Gemüsesorten, die gesund sind und dich sowohl vital , als auch fit halten.

Diese Vielfalt an gesunden Zutaten kannst du für dich nutzen und natürlich auch verarbeiten. Im Endeffekt solltest du von den leckeren Lebensmitteln profitieren und Spaß daran haben. Damit du optimal vorbereitet bist und wenig Zeit brauchst, solltest du dir einen Wochenplan erstellen - 7 Smoothies für 7 Tage.

Mein 5-Schritte-Plan

Schritt 1: *Suche dir die 7 Smoothies aus, die du die gesamte Woche trinken möchtest.*

Schritt 2: *Nun erstellst du dir jeden Sonntag eine detaillierte Einkaufsliste mit den gezielten Zutaten.*

Schritt 3: *Jeden Montag gehst du dann ganz entspannt einkaufen und hast somit alle Zutaten zusammen, die du für die gesamte Woche benötigst. Deine "Smoothie-Woche" ist damit perfekt eingedeckt.*

⚠ **Nicht vergessen:** Denke auch bitte an Milch- und Joghurtprodukte, Haferflocken, vegane Milchalternativen und Süßungsmittel wie Honig oder Agavendicksaft.

Nun kommen wir zum wichtigsten Teil - die Vorbereitung!
Ich hoffe du hast genügend Platz in deiner Gefriertruhe - denn jetzt ist das Einfrieren an der Reihe.

Schritt 4: *Für jeden Smoothie, den du trinken möchtest, solltest du die Zutaten vorab klein schneiden und schälen.*

Schritt 5: *Anschließend werden die jeweiligen Zutaten in eine Tupperdose oder Gefriertüte gepackt, beschriftet und eingefroren. So hast du den perfekten Überblick und weißt genau welchen Smoothie du an welchem Tag trinken möchtest.*

Und fertig ist deine Vorbereitung und Organisation!

Hier mal ein kleines Beispiel, das ich für dich erstellt habe:

Am Dienstag möchtest du einen Smoothie trinken, der gegen deine lästige Migräne hilft. Er beinhaltet Himbeeren und Bananen. Nach deinem Einkauf am Sonntag, schneidest du eine Banane klein und nimmst eine Handvoll Himbeeren. Beides wird in eine Tupperdose gepackt, genau beschriftet und eingefroren - That's it! Beschriften solltest du die Dose oder die Tüte mit folgenden Daten:

- **Den Namen des Smoothies**
- **Welche Zutaten der Smoothie besitzt**
- **An welchem Tag du ihn trinken möchtest**

Einfacher geht es nicht, oder? Falls du jedoch einen Smoothie mit Milch oder Joghurt zubereiten möchtest, dann darfst du die Zutaten erst beim Mixen dazugeben. Das Einfrieren von Joghurt- und MIlchprodukten funktioniert natürlich nicht. Auch Süßungsmittel wie Agavendicksaft oder Honig kommen erst bei der Zubereitung dazu. Diese Zutaten musst du beim Einkauf natürlich berücksichtigen. Dasselbe gilt auch für vegane Produkte wie zum Beispiel Kokosöl, Kokosmilch, Hafermilch und Mandelmilch.

Hast du alle Smoothies für die Woche vorbereitet, brauchst du für das Mixen nur noch wenige Minuten. Langes Schnippeln und Schälen fallen weg und das ist besonders wichtig für deine Motivation, ein gesundes, vitales und reines Leben zu führen.

Allergien? Was muss ich beachten und wie gehe ich damit um?

Das Thema "Allergie" ist ebenfalls ein wichtiger Punkt, den ich unbedingt erwähnen möchte. Hier ist dein Wissen gefragt und darüber musst du dir vorher natürlich gründliche Gedanken machen.

Bist du gegen gewisse Lebensmittel allergisch, so solltest du diese entweder ersetzen oder ganz weglassen. Viele Menschen sind gegen diverse Obstsorten allergisch, die einen Kern besitzen. Auch Nüsse stehen bei den meisten Allergikern an erster Stelle. Suche dir hier eine geeignete Alternative aus, die du in deinem Smoothie verwenden könntest. Hier sind für dich ein paar Alternativen:

- Statt Kirschen kannst du andere Beeren wie Himbeeren, Brombeeren oder Heidelbeeren verwenden. (Oder du lässt die Beeren komplett weg)
- Äpfel und Birnen ersetzt du durch Banane, Avocado oder Haferflocken.
- Babyspinat und Feldsalat kannst du immer als gute Alternative verwenden.
- Milch- und Joghurtprodukte kannst du ganz entspannt durch vegane Produkte ersetzen (z. B. Soja- und Lupinenjoghurt, Kokosmilch und/ oder Kokosjoghurt)

Verträgst du Molkereiprodukte nicht? Dann solltest du die vegane Variante ausprobieren. Kokosmilch oder Hafermilch sind gut verträglich und schmecken genauso gut! Bist du jedoch gegen Nüsse allergisch, dann sind Mandel- und Haselnussmilch eher ungeeignet für dich. Hier musst du genau darauf achten, welche Allergien dich begleiten. Alternativ für Milch wäre Joghurt, den ich sehr gerne verwende. Durch den Joghurt bekommt der Smoothie eine cremige Konsistenz und er wirkt sehr erfrischend - egal ob im Sommer oder im Winter. Für Veganer wäre hier Lupinen- oder Sojajoghurt genau richtig und weichen vom Geschmack nicht ab.

Optimal einkaufen? Woher beziehe ich meine Lebensmittel?

Das Wichtigste an einem Smoothie sind natürlich die Zutaten. Frisch und gesund müssen sie sein - denn nur so bekomme ich die ganze Vielfalt zu spüren. Optimal wäre es natürlich, wenn die Zutaten auch noch aus biologischem Anbau sind - so weiß ich ganz genau, dass ich auf der sicheren Seite bin.

In meiner Umgebung habe ich einige kleine aber feine Märkte, die eine tolle Auswahl an regionalen und saisonalen Lebensmitteln besitzen. Ich liebe es auf Märkten zu schlendern und bin ein großer Fan davon. Die Atmosphäre ist fantastisch und es macht Spaß, die frischen Zutaten zu begutachten. Auch die Stimmung auf einem Wochenmarkt ist toll und ich kann so aus erster Quelle erfahren, woher die Lebensmittel stammen. Falls du keinen Markt in deiner Umgebung hast, ist das natürlich auch kein Problem. Supermärkte bieten ebenfalls eine tolle Palette an Lebensmittel an, die gut für deine Smoothies sind. Auch Bioprodukte sind in Supermärkten zu finden, die du unbedingt wählen solltest. Ich greife des Öfteren auch zu Tiefkühlprodukten. Zum Einen weil sie eine längere Haltbarkeit besitzen, zum Anderen kann man sie wunderbar portionieren. Tiefkühl-Beeren wie Himbeeren, Brombeeren, Waldbeeren aber auch Beeren-Mix sind genau richtig und wirken sehr erfrischend. So kannst du deinen Smoothie eine gewisse Coolness verabreichen - toll, oder?

Bist du im Supermarkt oder auf einem Wochenmarkt, so schau dir die Zutaten genau an. Egal ob regionale, saisonale oder exotische Gemüse- und Obstsorten - sie sollten einen frischen und gesunden Eindruck machen. Hast du vielleicht Lust auf was Neues? Dann wähle gerne Lebensmittel, die du noch nicht kennst. So lernst du neue Zutaten kennen und das Experimentieren in der Küche macht großen Spaß.

Obstsorten wie Drachenfrucht, Kumquats, Cherimoya, Papaya, Sternfrucht oder Litschis sind sehr ausgefallen und besitzen einen speziellen und eigenen Geschmack - verrückt, ausgefallen, aber auch super lecker. Aber auch Kräuter wie Basilikum, Petersilie, Schnittlauch und frische Minze eignen sich sehr gut in einem Smoothie. Gleichzeitig besitzen Kräuter wundervolle und gesunde Eigenschaften, die deinem Körper sehr gut tun. Vor allem frische Minze ist ein wahres Heilmittel und kann dir bei Migräne, Kopfschmerzen, Magen-Darm-Problemen, Durchfall und Blähungen helfen. Basilikum ist für mich ebenfalls ein toller Begleiter und ein Alleskönner noch dazu. Nicht umsonst wird Basilikum auch als "Superfood" bezeichnet.

Smoothies für die ganze Familie? Oh, ja..!

Ich bin ein großer Familienmensch, habe einen wundervollen Mann an meiner Seite und zwei entzückende Kinder. Familie ist unglaublich wichtig für mich und gibt mir den Halt, den ich im Leben brauche. Für mich persönlich war es immer wichtig eine Familie zu gründen und mich um meine Kinder liebevoll zu kümmern. In der Hinsicht ist mein Leben perfekt und ich möchte es mit niemanden tauschen.

Gibt es denn einen Zusammenhang zwischen Familie und Smoothies? Ja, den gibt es und ich werde ihn dir verraten. Das Besondere an Smoothies ist, dass sie unglaublich gesund sind und mir viel Energie geben. Und das Schöne daran ist, dass meine ganze Familie gleich mit profitiert. Denn meine Smoothies, die ich kreiert habe, sind für alle Familienmitglieder wunderbar geeignet. Alle Zutaten, die ich verwende sind gesund, schmecken köstlich und beeinflussen den Körper positiv. Durch die wundervollen Eigenschaften der einzelnen Zutaten hat jeder etwas davon, und das kann ich meiner Familie geben.

Bananen stärken die Knochen, Erdbeeren fördern die Durchblutung, Joghurt sorgt für eine Regulierung des Magen-Darm-System und Mangos stärken das Immunsystem - das sind nur ein paar Beispiele und sie hören sich grandios an, oder? Somit kannst du auch deinen Kindern etwas zurückgeben und sie werden es lieben - glaube es mir! Aber wie schaut es in der Praxis aus? Allein das Vorbereiten, Zubereiten und Mixen von Smoothies macht irre viel Spaß und die Kinder lernen dazu auch noch eine ganze Menge. Zum einen wird die Motorik, durch das Schneiden und Hacken, gefördert. Und zum anderen lernen die Kinder noch eine Menge über die verschiedenen Lebensmittel - ein pädagogischer Nebeneffekt, der deinen Kindern gut tut. Diese Zeit ist für den Zusammenhalt mehr als kostbar und besonders wertvoll - eine schöne Zeit, die mit herrlichen Momenten gefüllt ist. Und zum Schluss sind die Kleinen auch noch super stolz darüber, dass sie etwas geschaffen haben - hier schmeckt der Smoothie gleich doppelt so lecker!

Welche Zutaten sind für Kinder gut geeignet?

Kurz gesagt - fast alle! Von Birne, Ananas, Mango, Banane und Himbeeren bis hin zu Avocado, Babyspinat und Passionsfrucht - hier kann man seiner Fantasie freien Lauf lassen. Es gibt sicherlich auch Lebensmittel, die deine Kinder noch nicht kennen oder noch nicht probiert haben. Lass sie ebenfalls mit den Zutaten experimentieren - vielleicht entdecken sie neue Vorlieben oder Geschmäcker.

Was kannst du mit Smoothies erreichen?

Smoothies sind wahre Wunder wenn es um die Gesundheit geht. Der Trend geht in die gesunde Richtung und das ist auch gut so. Aber was genau kann man mit einem Smoothie erreichen und was ist das Ziel vieler Menschen? In erster Linie muss ich erwähnen, dass man mit einem Smoothie vieles erreichen kann. Egal ob du mehr gesunde Zutaten zu dir nehmen möchtest, dein Hautbild verbessern willst oder dich gesünder ernähren möchtest - mit Smoothies kannst du genau das erreichen, was du dir vorgenommen hast. Aber gehen wir ein wenig mehr ins Detail. Ich möchte dir gern einige Punkte aufzählen, die ein Smoothie bewältigen kann. Es ist so viel mehr, als du denkst:

- Akne, Pickel und Hautunreinheiten lindern und bekämpfen
- Immunsystem und Abwehrkräfte stärken
- Den Stoffwechsel ankurbeln
- Migräne und Kopfschmerzen lindern und bekämpfen
- Die Durchblutung fördern
- Das Magen-Darm-System stärken, lindern und regulieren
- Mehr Energie und Vitalität erzeugen
- Rücken- und Gelenkschmerzen lindern
- Cholesterinspiegel senken oder regulieren
- Haarausfall bekämpfen oder lindern
- Reizdarm bekämpfen
- Übelkeit vorbeugen
- Verstopfungen und Durchfall lindern und bekämpfen
- Menstruationsbeschwerden lindern
- Kreislaufprobleme und Blutdruck regulieren, lindern und in den Griff bekommen

Das sind nur einige Gründe, wieso du täglich einen Smoothie trinken solltest. Wahnsinn, oder? Und glaube mir, ich spreche aus Erfahrungen. Ich selbst litt an Kreislaufproblemen, innerer Unruhe, Rückenschmerzen und unangenehmen Magen-Darm-Problemen. Das waren einige Baustellen in meinem Leben, die mir den Tag schwer und müde gemacht haben. Ich habe all meine Probleme beiseite geschoben und die Signale nicht gehört. Letztendlich kamen noch Panikattacken und Angstzustände dazu, die mir den Alltag stark erschwert haben. Ich möchte, dass dir das erspart bleibt und das du ein sorgenloses, gesundes und glückliches Leben führen kannst. Denn eins musst du dir immer vor Augen halten - Die Gesundheit ist das größte Gut was wir besitzen!

Nun kommen wir zum Wichtigsten Teil des Buches - den Rezepten.

Ich habe wundervolle, gesunde und vor allem vitale Smoothie Rezepte kreiert, die dich in jeder Lebenslage unterstützen können. Alle besitzen einen raffinierten Namen, der auf die Stärken und die Wirkung hinweist. So hast du für jede Situation, den passenden Smoothie parat. Und egal ob Kopfschmerzen, Immunschwäche oder schlechte Laune - trinke einen Smoothie am Tag und du wirst ganz bald den Unterschied erkennen.

Smoothie Rezepte für mehr Power & gute Laune

Bist du geschwächt? Fühlst du dich müde und schlapp? Dann solltest du eins dieser Smoothie Rezepte ausprobieren. Sie besitzen wertvolle Eigenschaften und leckere Zutaten, die dir die Energie zurückgeben, die du brauchst und sicherlich auch schon lange suchst.

So kannst du den Smoothie am Morgen trinken und vital in den Tag starten. Gleichzeitig wirst du eine bessere Laune bekommen und dich rundum wohlfühlen. Dazu kommt noch, dass dein Immunsystem gestärkt wird und du so viel Energie bekommst, dass du den Alltag mit Links bewältigen wirst.

Viel Spaß bei der Zubereitung!

1. Der wirkungsvolle Power-Smoothie

Zutaten für 2 - 4 Gläser:

- 1 Handvoll Babyspinat
- 1 reife Banane
- 1 Birne
- 300 ml Pfefferminztee

Kleiner Tipp:

- Alternativ kannst du auch statt Pfefferminztee, grünen Tee oder Rooibos Tee verwenden.
- Und statt Babyspinat wären Feldsalat oder Rucola eine tolle Alternative.

Zubereitung:

1. Zunächst den Tee frisch aufkochen und komplett abkühlen lassen.
2. Währenddessen den frischen Babyspinat waschen und gründlich putzen.
3. Anschließend die reife Banane schälen und in Stücke brechen.
4. Nun die Birne waschen, die Kerne entfernen und grob hacken.
5. Alle Zutaten in einen Smoothie Mixer geben und fein pürieren.
6. Zum Schluss den Smoothie in die Gläser füllen und sofort genießen.

Weitere Tipps und Tricks

- Kombinierst du Tee und Smoothie miteinander, so entsteht eine wohltuende, entschlackende und entgiftende Wirkung. Seitdem ich diese Kombination ausprobiert und kreiert habe, geht es mir deutlich besser und ich möchte dich an dieser Möglichkeit teilhaben lassen.

- Pfefferminztee ist ein wahres Wundermittel, das man bei diversen Beschwerden, anwenden kann. Ich persönlich trinke frischen Pfefferminztee sehr gerne und das täglich. Egal ob bei Bauchschmerzen, Magen-Darm-Beschwerden, Reizdarm, Magenkrämpfe oder ähnliches - Pfefferminztee beruhigt meinen Magen und lässt mich runterkommen. Die frische Minze besitzt aber noch andere Vorteile, die ich dir nicht vorenthalten möchte. Frische Minze hilft bei Nervenschwäche, innerer Unruhe und lindert Panikattacken und Angstzustände. Zudem ist sie ein grandioses Mittel bei einem Migräneanfall.

- Ich habe mich gezielt für die Birne entschieden, da sie gesund ist und eine liebliche Note hinterlässt. Gleichzeitig kann sie schlechten Cholesterin abbauen, sie wirkt ebenfalls entgiftend und beugt Verstopfungen vor. Darüber hinaus schützt die Birne das Herz, reguliert das Herz-Kreislauf-System und ist ein hervorragender Energielieferant, der dir gute Laune verschafft.

2. Der wohltuende Muntermacher

Zutaten für 2 - 4 Gläser:

- 2 Avocados
- 1 mittelgroßes Stück Ananas
- 1 Handvoll Feldsalat
- 300 ml frischen Rooibos Tee

Kleiner Tipp:

- Die Ananas kannst du liebend gern durch Birnen, Äpfel oder Papaya ersetzen.
- Für etwas mehr Cremigkeit, empfehle ich dir Naturjoghurt. Die vegane Alternative wäre hier Soja- oder Lupinenjoghurt.

Zubereitung:

1. Zunächst den Rooibos Tee frisch aufkochen und komplett erkalten lassen.
2. In der Zwischenzeit die Avocados entkernen, das Fruchtfleisch heraus löffeln und grob hacken.
3. Nun den Feldsalat gründlich waschen und putzen.
4. Alle Zutaten in einen Smoothie Mixer geben und fein pürieren.
5. Zum Schluss in die Gläser füllen und sofort genießen.

Weitere Tipps und Tricks

- Dieser köstlicher und aromatische Smoothie-Tee - wie ich ihn gern nenne - punktet mit einer lieblichen und süßen Note. Er macht sofort gute Laune, lindert deine Beschwerden und hilft dir, wieder fit und vital zu werden.
- Rooibos Tee ist, in Sachen Gesundheit, für mich ein Muss. Er besitzt unzählige Vorteile, die deinen Körper, positiv beeinflussen. Dadurch, dass der Tee kein Koffein enthält, kannst du ihn zu jeder Zeit trinken. Zudem enthält er zahlreiche Flavonoide, die den Organismus beeinflussen. Somit wirkt der Tee entzündungshemmend, antioxidantisch, durchblutungsfördernd, schmerz-lindernd und krampflösend.
- Die Avocado, die ich hier ebenfalls verwendet habe, wirkt stark sättigend und kann dir die Heißhungerattacken nehmen. Zusätzlich helfen Avocados bei Kreislaufproblemen, Bluthochdruck und Immunschwäche. Darüber hinaus kannst du, mit Avocados, Herzkrankheiten vorbeugen. Gleichzeitig hilft die Avocado bei Verdauungsstörungen, Bauchschmerzen, Magen-Darm-Probleme, Menstruationsbeschwerden, Unterleibskrämpfe und Antriebslosigkeit. Frauen, die also starke Schmerzen in der Menstruationszeit haben, sollten die Avocado immer bevorzugen.
- Ist dir dieser Smoothie etwas zu lieblich, so kannst du die Ananas durch etwas mehr Feldsalat oder Babyspinat ersetzen. Ich finde die Mischung perfekt und es ist eine herrliche Abwechslung, zu den üblichen Smoothies.

3. Der Gute-Laune-Smoothie

Zutaten für 2 - 4 Smoothie Gläser:

- 1 mittelgroßes Stück Ananas
- 1 reife Banane
- 5 Blätter Blattsalat
- 300 ml grünen Tee

Kleiner Tipp:

- Statt Banane empfehle ich dir Birnen, Äpfel oder eine Avocado. Gern kannst du auch eine Handvoll Babyspinat durch Kopfsalat ersetzen.
- Für noch mehr "Fruchtigkeit", kannst du auch Himbeeren oder Brombeeren verwenden. Die geben dem Ganzen eine säuerliche Note, die super lecker ist.

Zubereitung:

1. Zuerst den grünen Tee frisch aufkochen und erkalten lassen.
2. In der Zwischenzeit die Banane schälen und halbieren.
3. Nun den Kopfsalat gründlich waschen und putzen.
4. Anschließend die Ananas schälen und in Würfel schneiden.
5. Alle Zutaten in einen Smoothie Mixer geben und fein pürieren.
6. Zum Schluss in die Gläser füllen und sofort genießen.

Weitere Tipps und Tricks

- Wenn ich mir einen Smoothie zubereite, dann möchte ich ein Maximum an Wirkung erzeugen. Mit dem Ananas-Kopfsalat-Smoothie mit grünem Tee schaffe ich es und das völlig unkompliziert. Ich möchte dir dieses Rezept ans Herz legen, damit du den Genuss und die Wirkung ebenfalls genießen kannst.
- Grüner Tee ist ein wahres Wundermittel! Ich persönlich trinke ihn sehr gern, weil er einen wohltuenden Effekt erzeugt. Aber gehen wir ein wenig intensiver in die Materie hinein: Grüner Tee wirkt stark antioxidantisch, entgiftend und entschlackend. Er verscheucht die schädlichen Giftstoffe aus deinem Körper und ist ein wunderbarer Begleiter, wenn du einige Kilos verlieren möchtest. Gleichzeitig kurbelt er deinen Stoffwechsel an, stärkt dein Immunsystem, stärkt dein Zahnfleisch und deine Zähne. Darüber hinaus verbessert der Tee deine Leistungsfähigkeit, senkt deinen Cholesterinspiegel, hilft bei Bluthochdruck, Verdauungsstörungen, Reizdarm, Magen-Darm-Beschwerden und lindert Bauch- und Magenschmerzen.
- Kopfsalat, den ich ebenfalls gern zu mir nehme, lässt deinen Vitalstoffspiegel im Blut ansteigen. Das ist besonders wichtig, damit du gesund und fit bleibst. Auch ist er reich an Vitamin C, Vitamin E, Folsäure, Beta-Carotin, Eisen, Kalium und Natrium. Was du auch wissen solltest ist, dass Kopfsalat den Cholesterinspiegel senken kann, die Blutbildung fördert und ebenfalls Giftstoffe entfernt.

4. Belebender Zauberdrink

Zutaten für 2 - 4 Smoothie Gläser:

- 1 Handvoll Babyspinat
- 1 Handvoll Rucola
- 1 Birne
- 150 ml Fencheltee
- 150 ml kaltes Wasser

Kleiner Tipp:

- Bist du kein Fan von Fencheltee, so kannst du auch Pfefferminztee verwenden. Er besitzt fast die gleiche Wirkung und schmeckt himmlisch.
- Falls dir Rucola zu "würzig" ist, dann kannst du ihn natürlich weglassen. Hierfür nimmst du dann die doppelte Menge an Babyspinat oder ersetzt es durch eine Handvoll Feldsalat.

Zubereitung:

1. Als Erstes den Fencheltee frisch aufkochen und komplett erkalten lassen.
2. Währenddessen Rucola und Babyspinat waschen und gründlich putzen.
3. Nun die Birne waschen, entkernen und vierteln.
4. Alle Zutaten in einen Smoothie Mixer geben und fein pürieren.
5. Zum Schluss in die Gläser füllen und sofort genießen.

Weitere Tipps und Tricks

- Die Entgiftung und Reinigung, deines Körpers, ist ein wichtiger Prozess. Sie hilft dir gesund zu bleiben, stärkt dein Immunsystem und macht dich glücklich. Möchtest du ein gesundes Leben führen, so solltest du öfters entgiften oder dir was Gutes tun. Der Spinat-Rucola-Smoothie mit Fencheltee gehört zu meinen absoluten Favoriten, in Sachen Entgiftung. Er schmeckt sehr lecker, besitzt eine raffinierte Note und wirkt stark entgiftend und entschlackend.
- Hast du schonmal einen Smoothie getrunken, der mit Fencheltee verfeinert wurde? Nein?! Dann solltest du es unbedingt nachholen. Fencheltee ist vor allem dafür bekannt, dass er bei Erkältung, Schnupfen, Husten, Heiserkeit, Halsschmerzen, Gliederschmerzen und Antriebslosigkeit hilft. Gleichzeitig lindert er Muskel- und Gelenkschmerzen, hilft bei Mundgeruch, Blähungen, Reizdarm, Verstopfungen, Oberbauchschmerzen und Magenkrämpfe.
- Da ich auch noch Rucola dazu genommen habe, bist du absolut auf der sicheren Seite. Denn Rucola ist extrem gesundheitsfördernd, beugt Herz-Gefäß-Krankheiten vor, schützt dein Herz, reguliert das Herz-Kreislauf-System und fördert die Durchblutung. Darüber hinaus senkt es den Cholesterinspiegel, baut deinen Kreislauf auf und stärkt dein Immunsystem.

5. Fruchtiger Immunstärker

Zutaten für 2 - 4 Smoothie Gläser:

- 1 Handvoll Babyspinat
- 2 Birnen
- 1 Avocado
- 300 ml grüner Tee

Kleiner Tipp:

- Statt Birnen kannst du auch ganz entspannt zwei Äpfel nehmen. Auch Pfirsiche oder Aprikosen sind eine gute Alternative.
- Für etwas mehr Frische, empfehle ich dir noch etwas frische Minze.

Zubereitung:

1. Zuerst den grünen Tee frisch aufkochen und erkalten lassen.
2. Währenddessen die Birnen waschen, entkernen und vierteln.
3. Anschließend die Avocado entkernen, das Fruchtfleisch heraus löffeln und grob hacken.
4. Alle Zutaten nun in einen Smoothie Mixer geben und fein pürieren.
5. Zum Schluss in die Gläser füllen und sofort genießen.

Weitere Tipps und Tricks

- Egal ob Frühling, Sommer, Herbst oder Winter - dieser köstliche Spinat-Birnen-Tee mit grünem Tee ist immer eine wunderbare Angelegenheit, die du wählen solltest.
- Mir ist es besonders wichtig, dass ich gesund und vital bleibe. Ich achte auf meine Ernährung, gehe öfters an die frische Luft und mache Sport. Zusätzlich trinke ich wohltuende Smoothies, die ich mir jeden Tag zubereite. Hierzu gehört auch dieser Smoothie, da er positive Eigenschaften besitzt, von denen ich nur profitieren kann.
- Möchtest du entgiften und einige Kilos abnehmen, so musst du den grünen Tee ausprobieren. Er wirkt stark antioxidantisch, entzündungshemmend, durchblutungsfördernd, darmreinigend, entschlackend und antibakteriell. Zudem fördert er deine alltägliche Leistung, kurbelt den Stoffwechsel an, stärkt dein Immunsystem, baut deine Abwehrkräfte auf und hilft bei Kreislaufschwäche.
- Darüber hinaus senkt er den Cholesterinspiegel, verbessert deinen Fettstoffwechsel und kurbelt die Fettverbrennung an. Auch kann er folgende Krankheiten vorbeugen: Diabetes Typ 2, Herz-Kreislauf-Erkrankungen und Arteriosklerose. Zusätzlich habe ich auch die Avocado gewählt, da sie mit den anderen Zutaten harmoniert und ebenfalls gesundheitsfördernde Eigenschaften besitzt. Avocados sind reich an Folsäure, Kalium, Kalzium, Eisen, Zink, Phosphor, Vitamin E und Vitamin C. Gleichzeitig wirken Avocados stark sättigend und helfen somit, bei der Gewichtsabnahme. Leidest du an Migräne, Kopfschmerzen oder Gelenkproblemen - so kann die Avocado ein grandioser Begleiter sein.

6. Exotischer Power-Drink

Zutaten für 2 - 4 Smoothie Gläser:

- 2 Kiwis
- 1 Avocado
- 1 Handvoll Babyspinat
- 300 ml Rooibos Tee

Kleiner Tipp:

- Neben Avocados und Kiwis, passen auch Passionsfrucht super dazu. hierfür einfach eine Passionsfrucht halbieren und das Fruchtfleisch heraus löffeln.
- Möchtest du auf die Avocado verzichten, so kannst du auch zu einer Banane greifen. Umso reifer sie ist, desto süßer ist der Smoothie.

Zubereitung:

1. Zuerst den Rooibos Tee frisch aufkochen und kalt stellen.
2. Währenddessen die Avocado entkernen und das Fruchtfleisch grob hacken.
3. Nun den Spinat waschen und gründlich putzen.
4. Alle Zutaten in einen Smoothie Mixer geben und fein pürieren.
5. Zum Schluss in die Gläser füllen und sofort genießen.

Weitere Tipps und Tricks

- Ich möchte dir, die besten und wirkungsvollsten Smoothie-Rezepte präsentieren, die ich kreiert und probiert habe. Alle meine Rezepte sind gut für deine Gesundheit, stärken dich und halten dich besonders vital. Auch dieser Kiwi-Avocado-Smoothie mit Rooibos Tee gehört zu meiner Sammlung.
- Für meinen Alltag brauche ich eine besondere Ladung an Vitamin C, damit mein Immunsystem gestärkt wird. Die Kiwi, die ich hier gewählt habe, besitzt eine fantastische Menge, an Vitamin C.
- Gleichzeitig wirkt sie antioxidantisch, entzündungshemmend, entgiftend und entschlackend. Des Weiteren hilft die Kiwi bei Gelenkschmerzen, senkt den Blutdruck, verstärkt deine Sehkraft, hilft bei Stress, Nervosität, innerer Unruhe und Nervenschwäche. Auch bei Panikattacken und Angstzustände können Kiwis eine gute Hilfe sein.
- Babyspinat, den ich bewusst gewählt habe, solltest du nicht unterschätzen. Er ist unglaublich gesund und ist reich an Vitamin A, Vitamin K, Mineralstoffe, Kalium, Magnesium, Zink, Eisen, Kalzium, Mangan und Phosphor. Darüber hinaus schützt er deine Magenschleimhaut, beugt Magengeschwüre und Entzündungen vor, reguliert das Magen-Darm-System und hilft bei Blähungen, Oberbauchschmerzen, Reizdarm, Reizmagen, Bauchkrämpfe und Unterleibsschmerzen.

7. Green Fitmacher-Smoothie

Zutaten für 2 - 4 Smoothie Gläser:

- 2 grüne Äpfel
- 2 Kiwis
- 200 g Feldsalat
- 300 ml kaltes Wasser

Kleiner Tipp:

- Um noch mehr Power zu erhalten, kannst du 150 Milliliter Kokoswasser und 150 Milliliter kaltes Wasser verwenden. Profitiere von den gesunden Eigenschaften des Kokoswasser.
- Bist du Allergisch gegen grüne Äpfel, so kannst du auch rote Äpfel verwenden. Birnen wären ebenfalls eine tolle Alternative. Falls du nichts davon verträgst, so ersetze die Zutaten durch zwei Bananen.

Zubereitung:

1. Als Erstes den Feldsalat waschen und gründlich putzen.
2. Die Äpfel waschen, nach Belieben schälen, entkernen und vierteln.
3. Nun die Kiwis schälen und ebenfalls vierteln.
4. Alle Zutaten in einen Smoothie Mixer geben und fein pürieren.
5. Zum Schluss in die Gläser füllen und sofort servieren.

Weitere Tipps und Tricks

- Wohltuend, gesund und frisch - so und nicht anders, kann man diesen Smoothie beschreiben. Ich persönlich, bin ein gigantischer Fan von Kiwis und Äpfeln. Das ist auch einer der Gründe, wieso ich ihn dir nicht vorenthalten möchte.
- Aber neben dem Geschmack kann dieser Smoothie noch andere Eigenschaften vorweisen. Zum Einen wirkt der Smoothie sättigend, antibakteriell, entzündungshemmend, schleimlösend, schmerzlindernd, entgiftend und entschlackend. Zum Anderen stärkt er mein Immunsystem, baut meine Abwehrkräfte auf und schickt mir Energie.
- Gehen wir mal kurz auf die einzelnen Zutaten ein: Wusstest du, dass der Apfel über 30 verschiedene Vitamine und Spurenelemente und besitzt? Wahnsinn, oder? Der Apfel ist äußerst gesund und hilft bei jeglichen Beschwerden. Nicht umsonst wird über den Apfel gesagt - "An apple a day keeps the doctor away." Das übersetzt bedeutet - "Ein Apfel am Tag – Arzt gespart!". Ich esse ihn super gern, wenn es mir mal schlecht geht, ich an Migräne oder Kopfschmerzen leide. Gleichzeitig schützt er das Herz, reguliert das Herz Kreislauf-System und fördert die Durchblutung.
- Die Kiwi möchte ich dir aber auch nicht vorenthalten, da sie unglaublich gesund ist. In Sachen Detox, ist die Kiwi ein Muss, da sie entschlackend, sättigend und reinigend wirkt. Für die Entgiftungsphase somit unverzichtbar. Des Weiteren besitzt sie doppelt so viel Vitamin C wie eine Orange oder Zitrone. Auch hilft sie bei Erkältung, grippalen Infekt, Halsschmerzen, Heiserkeit, Husten, Schnupfen und Fieber.

8. Vitaler Energie-Drink

Zutaten für 2 - 4 Smoothie Gläser:

- 250 g Babyspinat
- 2 große Mangos
- 1 Maracuja
- 300 ml kaltes Wasser

Kleiner Tipp:

- Mangos kannst du entspannt durch Ananas, Papaya oder Nektarinen ersetzen.
- Zusätzlich empfehle ich dir noch etwas frische Minze.
- Bist du kein Fan von Maracujas, so lass sie gerne ganz weg. Eine Birne passt hier hervorragend dazu.

Zubereitung:

1. Als Erstes die Maracuja halbieren und das Fruchtfleisch heraus löffeln.
2. Den Babyspinat waschen und gründlich putzen.
3. Anschließend die Mangos schälen und das Fruchtfleisch vom Kern schneiden.
4. Alle Zutaten nun in einen Smoothie Mixer geben und fein pürieren.
5. Zum Schluss in die Gläser füllen und sofort genießen.

Weitere Tipps und Tricks

- Ein weiterer Smoothie, der entschlackend und entgiftend wirkt, ist dieser Spinat-Mango-Smoothie. Er enthält alle Zutaten, die ich brauche, um gesund, vital und fit zu bleiben. Zudem kannst du ihn zu jeder Jahreszeit trinken.
- Mangos sind reich an Vitamin C, Vitamin A, Vitamin D, Folsäure, Kalium, Kalzium, Natrium, Phosphor und Magnesium. Die sättigende Wirkung ist ebenfalls ein großes Plus, wenn man einige Kilos verlieren möchte. Ein weiterer Punkt, den ich dir nicht vorenthalten möchte ist, dass die Mango bei Blasenentzündung, Durchfall, Unwohlsein, Magen-Darm-Beschwerden, Kopfschmerzen, Migräne und Gelenkbeschwerden helfen kann.
- In Kombination mit Maracuja und Feldsalat ist dieser Smoothie unschlagbar. Und wenn wir schonmal bei der Maracuja sind, dann kann ich dir ebenfalls einiges berichten. Die Maracuja oder auch Passionsfrucht genannt, wird leider zu stark unterschätzt. Meist bekommt sie nicht die Aufmerksamkeit, die sie eigentlich verdient. Ich liebe die Maracuja und das in vielen Variationen. Entweder ich löffle sie nebenbei, als kleinen Snack. Oder ich gebe sie in meine Smoothies. Aber was für Eigenschaften besitzt die Maracuja? Zum einen ist ihr Vitamingehalt unglaublich. Auch wirkt sie sehr beruhigend auf meinen Körper - und das nicht ohne Grund. In vielen Ländern aber auch in diversen Präparaten wird die sogenannte "Passionsblume" verwendet. Diese findet man vor allem in Beruhigungs- und Schlafmitteln.

9. Spritziger Super-Booster-Smoothie

Zutaten für 2 - 4 Smoothie Gläser:

- 1 Handvoll Babyspinat oder Feldsalat
- 1 kleines Stück frischen Ingwer
- Etwas frische Minze
- 2 rote Äpfel
- 300 ml kaltes Wasser

Kleiner Tipp:

- Ersetze Babyspinat und Feldsalat gern durch Kopfsalat. Auch Rucola wäre eine leckere Alternative. Hast du keine Lust auf Salat, so wähle 1 ½ Avocados. Hierfür einfach die Avocados entkernen und das Fruchtfleisch heraus löffeln.
- Magst du keinen Ingwer, so kannst du ihn auch ganz weglassen.
- Bist du gegen Äpfel allergisch, so ersetze ihn durch 2 Pfirsiche oder 1 ½ Bananen.

Zubereitung:

1. Babyspinat oder Feldsalat waschen und gründlich putzen.
2. Ingwer schälen, putzen und halbieren.
3. Anschließend die Minze waschen.
4. Nun die Äpfel waschen, entkernen und in Stücke schneiden.
5. Alle Zutaten in einen Smoothie Mixer geben und fein pürieren.
6. Zum Schluss in die Gläser füllen und sofort genießen.

Weitere Tipps und Tricks

- Ein super heißer Tipp sind Ingwer und Salatgurken: Die Kombination aus Salatgurke, Minze und Ingwer ist besonders köstlich – Auch, wenn man es erstmal nicht denkt. Alle Zutaten harmonieren hervorragend zusammen, schmecken lecker, wirken entgiftend und entschlackend.
- Aber es gibt noch mehr, dass du wissen solltest. Fangen wir mit dem Ingwer an. Ingwer wird auch als sogenanntes "Superfood" bezeichnet und das nicht ohne Grund. Die "Wunderwurzel", die einen rechts scharfen Geschmack mit sich trägt, hilft bei Gelenkbeschwerden, Nacken- und Rückenschmerzen. Das liegt daran, dass sie eine schmerzstillende und krampflösende Wirkung besitzt. In vielen Ländern wird sie daher auch als natürliches Schmerzmittel verwendet. Des Weiteren hilft mir Ingwer besonders gut, wenn ich mal wieder eine lästige Erkältung habe. Sie lindert meine Halsschmerzen, hilft bei Heiserkeit, Husten, Schnupfen, Fieber, Gliederschmerzen und Antriebslosigkeit. Gleichzeitig wirkt sie beruhigend, reguliert das Magen-Darm-System und lindert Magen- und Bauchschmerzen.
- Und was kann ich dir über die Salatgurke erzählen? Sicherlich denkst du dir, dass sie sowieso nur aus Wasser besteht. Zwar besteht sie überwiegend aus Wasser, aber das ist noch nicht alles. Leidest du unter Verstopfungen, Blähungen, Bauchschmerzen und Völlegefühl, dann kann dir die Gurke ein treuer Begleiter werden. Zudem liefert sie deinem Körper Flüssigkeit, erfrischt deinen Teint und beschleunigt die Heilung von Wunden.

10. Grüner Stimmungs-Smoothie

Zutaten für 2 - 4 Smoothie Gläser:

- 4 Grünkohlblätter
- 1 kleines Stück Sellerie
- 2 Avocados
- 300 ml kaltes Wasser

Kleiner Tipp:

- Möchtest du den Grünkohl ersetzen, so kannst du Babyspinat, Rucola oder Feldsalat verwenden.
- Auch Sellerie kannst du durch eine Banane oder zwei Birnen ersetzen.
- Mit etwa 100 Milliliter Kokoswasser, bekommst du einen sehr aromatischen Smoothie.

Zubereitung:

1. Als Erstes die Grünkohlblätter waschen und putzen.
2. Nun den Sellerie putzen und halbieren.
3. Anschließend die Avocados entkernen und das Fruchtfleisch grob hacken.
4. All Zutaten in einen Smoothie Mixer geben und fein pürieren.
5. Zum Schluss in die Gläser füllen und sofort genießen.

Weitere Tipps und Tricks

- Ich weiß, Grünkohl in einem Smoothie hört sich nicht sehr appetitlich an. Jedoch ist dieser Smoothie unglaublich lecker und sowohl für Fortgeschrittene, als auch für Anfänger mehr als genial. Vor allem trinke ich ihn gern in der Winterzeit, da er mich aufbaut, mir genügend Energie liefert und mich vor Krankheiten schützt.
- Es gibt viele Gründe, wieso du Grünkohl verwenden solltest. Unter anderem hilft Grünkohl bei Magenbeschwerden, Durchfall, Husten, Halsschmerzen und Heiserkeit. Gleichzeitig schützt er das Herz, stabilisiert er deinen Kreislauf und baut dein Immunsystem auf. Seit Jahrhunderten wird Grünkohl auch als Heilmittel verwendet und gehört zu den Superfoods, in der Kohl-Szene.
- In Verbindung mit den Avocados, hast du einen sehr gesunden und genüsslichen Smoothie geschaffen. Die Avocado ist reich an Kalium, Eisen, Magnesium, Vitaminen, Spurenelementen, Zink, Kalzium und Natrium. Auch hilft die Avocado den Cholesterinspiegel zu senken, schützt dein Herz und fördert die Durchblutung. Möchtest du deiner Haut was Gutes tun, dann wähle die Avocado. Sie liefert dir die Feuchtigkeit, die deine Haut so dringend braucht. Somit siehst du wieder frisch aus, bekommst einen gesunden Teint und deine Haut erreicht eine wunderbare Elastizität.

11. Gesunder Fitness-Smoothie

Zutaten für 2 - 4 Smoothie Gläser:

- 3 Kiwis
- 1 Handvoll frischen Löwenzahn
- 1 Handvoll Babyspinat
- 1 Handvoll Feldsalat
- 1 kleines Stück Ananas
- 300 ml kaltes Wasser

Kleiner Tipp:

- Findest du keinen Löwenzahn, so kannst du auch anderen Salat benutzen. Auch die doppelte Menge an Babyspinat ist eine gute Alternative.
- Nach Belieben kannst du zusätzlich auch ein paar Basilikumblätter hinzufügen. So bekommst du einen sehr köstlichen Smoothie heraus, den du probieren solltest.

Zubereitung:

1. Als Erstes die Kiwis schälen und vierteln.
2. Löwenzahn, Feldsalat und Babyspinat waschen und gründlich putzen.
3. Anschließend die Ananas schälen und würfeln.
4. Alle Zutaten nun in einen Smoothie Mixer geben und fein pürieren.
5. Zum Schluss in die Gläser füllen und sofort genießen.

Weitere Tipps und Tricks

- Dieser Smoothie ist ein kleiner Geheimtipp von mir. Möchtest du entschlacken, entgiften, deiner Gesundheit etwas schenken, so musst du dir diesen Smoothie, unbedingt zubereiten. Löwenzahn ist ein wahrer Alleskönner und gehört zu den Superfoods. Das liegt daran, dass er ausgezeichnete Eigenschaften besitzt, die äußerst gesund sind.
- Das Wunderkraut schenkt dir Lebenskraft, Energie, schützt dein Herz und fördert die Durchblutung. Gleichzeitig wird deine Verdauung reguliert, Blähungen verschwinden und Bauchschmerzen werden gelindert. Des Weiteren wird der Blutdruck reguliert, Nieren werden gereinigt und Löwenzahn kann auch Diabetes vorbeugen.
- Kommen wir zum Feldsalat, den ich häufig esse, aber auch trinke. Feldsalat brauchst du vor allem, damit du gesund und fit bleibst. Darüber hinaus ist Feldsalat reich an Vitamin C, Vitamin A, Vitamin B, Mineralstoffen, Spurenelementen, Folsäure, Zink, Eisen, Natrium, Phosphor und Kalium. Auch kannst du mit dem gesunden Salat, deinen Blutdruck regulieren, deine Abwehrkräfte aufbauen, Knochen und Muskulatur stärken. Und wenn du noch an Bauchschmerzen, Unterleib-Beschwerden und Magen-Darm-Probleme leidest, dann hast du mit Feldsalat eine gute Wahl getroffen.

12. Lovely Powermaker-Smoothie

Zutaten für 2 - 4 Smoothie Gläser:

- 1 Fenchelknolle
- 2 Kiwis
- Etwas frische Minze
- 1 mittelgroßes Stück Ananas
- 300 ml kaltes Wasser

Kleiner Tipp:

- Fenchel kannst du gern durch Babyspinat, Pak Choi oder Blattsalat ersetzen. Auch kannst du kaltes Wasser weglassen und stattdessen Fencheltee verwenden. So ist der Geschmack noch etwas intensiver und besonders aromatisch.
- Hast du keine Lust auf Kiwis, so ersetze die Frucht durch Äpfel, Birnen, Avocados oder Salatgurken.

Zubereitung:

1. Die Fenchelknolle vom Strunk entfernen, gründlich waschen und putzen.
2. Nun die Kiwis schälen und vierteln.
3. Anschließend die frische Minze waschen.
4. Danach die Ananas schälen und würfeln.
5. Alle Zutaten in einen Smoothie Mixer geben und fein pürieren.
6. Zum Schluss in die Gläser füllen und sofort genießen.

Weitere Tipps und Tricks

- Winterzeit ist Erkältungszeit! Im Winter ist man einfach öfters erkältet als im Sommer. Die lästige Erkältung zieht mich immer wieder runter und neben Schnupfen, Husten und Halsschmerzen, plagen mich auch Antriebslosigkeit, Fieber und Heiserkeit - das volle Programm.
- Der Fenchel-Kiwi-Smoothie mit frischer Minze, ist das perfekte Getränk, damit ich mich schnell wieder gesund fühle. Er stärkt mein Immunsystem, lässt mich zur Ruhe kommen und gibt mir die nötige Kraft, die ich an solchen Tagen brauche. Jedoch ist der Smoothie auch für andere Beschwerden optimal. Er wirkt sättigend, entschlackend, entgiftend, antibakteriell, entzündungshemmend, schleimlösend, schmerzlindernd und krampflösend.
- Die frische Fenchelknolle, die ich für diesen Smoothie verwendet habe, ist ein wohltuender Begleiter - für jede Lebenslage. Er stärkt mich von Innen, hilft ebenfalls bei Erkältung, Schnupfen, Husten, Heiserkeit und Gliederschmerzen. Zusätzlich ist Fenchel reich an Vitamin B, Vitamin C, Vitamin E, Eisen, Kalium, Kalzium, Beta-Carotin, Spurenelemente, Mineralstoffe und Zink. Fenchel kann aber noch viel mehr. Unter anderem hilft Fenchel bei Verdauungsstörungen, Blähungen, Reizdarm, Bluthochdruck, Mundgeruch, Kopfschmerzen und Migrane. Damit du 100 % Energie wieder bekommst, solltest du die Ananas in Erwägung ziehen. Sie ist ein grandioser Energielieferant, hilft bei Verstopfungen, hemmt Entzündungsprozesse, stärkt die Nerven und wirkt stark sättigend.

13. Beeriger Superfood-Smoothie

Zutaten für 2 - 4 Smoothie Gläser:

- 1 Handvoll Babyspinat
- 2 Avocados
- 150 g frische Heidelbeeren
- 3 EL Chia Samen
- 300 ml kaltes Wasser

Kleiner Tipp:

- Nach Belieben kannst du Chia Samen ganz weglassen. Falls du doch Lust darauf hast, dann vermenge die Samen mit etwas Milch, stelle die Mischung für 2 Stunden in den Kühlschrank und gebe sie dann in den Smoothie Mixer. Die Chia Samen konnten somit in Ruhe aufquellen und besitzen eine herrliche Konsistenz.
- Zusätzlich kannst du, neben den Heidelbeeren, auch Brombeeren, Himbeeren oder Erdbeeren verwenden.

Zubereitung:

1. Zunächst den Spinat waschen und gründlich putzen.
2. Nun die Avocados entkernen und das Fruchtfleisch grob würfeln.
3. Die Heidelbeeren verlesen und waschen.
4. Alle Zutaten in einen Smoothie Mixer geben und fein pürieren.
5. Zum Schluss in die Gläser füllen und sofort genießen.

Weitere Tipps und Tricks

- Damit ich fit in den Tag starten kann, brauche ich einen ultimativen Power-Drink. Dieser hinreißende Avocado-Heidelbeeren-Smoothie mit Chia Samen besitzt alles, was ich brauche, damit ich gesund und vital bleibe. Die Zutaten sind wirkungsvoll, stärken mein Immunsystem und geben mir die nötige Kraft, die ich für einen stressigen Alltag brauche.
- Gern möchte ich dir noch ein wenig mehr über die einzelnen Zutaten erzählen, da man diese nicht unterschätzen darf: Chia Samen, die ich bewusst gewählt habe, gehören zu den sogenannten "Superfoods". Ihre Eigenschaften sind grandios und sehr wirkungsvoll. Ich persönlich bin ein großer Chia-Fan, da die Samen geschmacksneutral sind und ich sie so, beliebig untermischen kann. Egal ob in Smoothies, in meinen Chia Pudding oder als gesunden Snack, für zwischendurch. Vermengt man die Samen in Milch oder Joghurt, so quellen sie auf und dadurch verdoppelt sich ihr Volumen. So wirken sie stark sättigend und das hilft mir, wenn ich gewisse Heißhungerattacken bekomme. Darüber hinaus stärken sie dein Immunsystem, regulieren den Blutdruck, kurbeln die Fettverbrennung an und helfen bei Migräne, Kopfschmerzen und Gelenkbeschwerden.
- In Kombination mit Heidelbeeren, ist der Smoothie nicht nur super lecker, auch kann er Einiges vorweisen. Ich rate dir - verwende öfters Heidelbeeren, denn sie machen dich gesund. Heidelbeeren beugen Herz-Kreislauf-Erkrankungen vor, schützen dein Herz und regulieren das Herz-Kreislauf-System. Des Weiteren sind sie reich an Vitamin A, Vitamin B, Vitamin C, Vitamin E, Zink, Phosphor, Natrium, Kalium und Eisen.

14. Happy-Morning-Smoothie

Zutaten für 2 - 4 Gläser:

- 2 Banane
- 5 EL Haferflocken
- 7 EL Naturjoghurt (Alternativ Soja- oder Lupinenjoghurt)
- 200 ml Mandelmilch
- 100 ml kaltes Wasser

Kleiner Tipp:

- Verträgst du keine Mandelmilch, so kannst du ganz unproblematisch auch Hafer- oder Kokosmilch verwenden. Auch Kuhmilch ist eine schöne Sache.
- Für etwas Süße empfehle ich dir Himbeeren, Birnen, Äpfel oder Heidelbeeren.

Zubereitung:

1. Als Erstes die Banane schälen und halbieren.
2. Anschließend alle Zutaten in einen Smoothie Mixer geben und fein pürieren.
3. Zum Schluss in die Smoothie-Gläser füllen und servieren.

Weitere Tipps und Tricks

- Den Tag, mit einem wirkungsvollen und energiereichen Smoothie zu starten, ist für mich ein absolutes Muss! Mit dem Bananen-Mandel-Smoothie bin ich immer auf der sicheren Seite und bekomme dazu auch noch gute Laune. Dieser Smoothie besitzt all die wichtigen Nährstoffe und Eigenschaften, die ich mir wünsche. Zudem schmeckt er himmlisch und durch die natürliche Süße, in den Bananen, brauch ich kein Süßungsmittel.
- Neben Bananen, habe ich auch Haferflocken verwendet. Ich liebe die Kombination aus Bananen, Haferflocken und Mandelmilch. Eine Smoothie-Variante, die auch für Veganer, perfekt geeignet ist. Hafer ist eins der gesündesten Getreidesorten, die uns die Natur geschenkt hat. Haferflocken wirken beruhigend, stärkend, schleimlösend, schmerzlindernd und ein fantastischer Energielieferant. Zudem sollte man Hafer zu sich nehmen, wenn man sich einen unschönen Magen-Darm-Infekt eingefangen hat. Darüber hinaus, ist Hafer reich an Vitamin B1, Vitamin B6, Vitamin B2, Kupfer, Zink, Mangan, Kalzium, Phosphor, Eisen, Magnesium, Kalium und Selen.
- Aber auch die Banane besitzt erstaunliche Eigenschaften. Zum Frühstück ist das süße Obst perfekt, da es sehr stärkehaltig ist. Die Banane wirkt sehr sättigend und ebenfalls beruhigend, auf den Körper. Gleichzeitig senken Bananen den Cholesterinspiegel, regulieren die Verdauung und den Blutdruck und helfen bei Übelkeit, Unwohlsein, Durchfall, Oberbauchschmerzen und Menstruationsschmerzen.

15. Zimtige Power-Spritze

Zutaten für 2 - 4 Smoothie Gläser:

- 200 g Hokkaido-Kürbis
- 1 kleines Stück Ingwer
- 1 Handvoll Babyspinat
- Eine halbe Banane
- 1 TL Zimt
- 300 ml kaltes Wasser

Kleiner Tipp:

- Selbstverständlich kannst du Zimt und auch den Ingwer ganz weglassen.
- Magst du keinen Kürbis, so empfehle ich dir etwas Frucht zu nehmen. Papaya ist hier eine super Alternative.

Zubereitung:

1. Zuerst den Kürbis säubern, entkernen und in Würfel schneiden.
2. Nun den Ingwer schälen, putzen und halbieren.
3. Anschließend den Spinat waschen und gründlich putzen.
4. Alle Zutaten in einen Smoothie Mixer geben und fein pürieren.
5. Zum Schluss in die Smoothie-Gläser füllen und sofort genießen.

Weitere Tipps und Tricks

- In der Herbst- und Winterzeit braucht man viel Energie und Kraft. Das kalte Wetter geht auf das Gemüt und man bekommt schnell schlechte Laune. Auch Müdigkeit ist ein Thema, wenn es draußen besonders kalt ist. In solch einer Situation hilft eine kuschelige Wolldecke und ein leckerer Winter- oder Herbst-Smoothie. Diese Art von Smoothies geben viel Energie, machen gute Laune und helfen bei Antriebslosigkeit.
- Kürbis ist ein waschechtes Herbstgemüse, das positive Eigenschaften besitzt. Zum einen wirkt der Kürbis stark antioxidantisch, kann deinen Körper von giftigen Stoffen befreien und stärkt auch noch das Immunsystem. Zum anderen wirkt der Kürbis beruhigend auf die Reizblase, wärmt den Körper von innen und beugt diverse Krankheiten vor, wie Alzheimer und Rheuma.
- Ingwer passt hervorragend zum Kürbis und besitzt ebenfalls grandiose Eigenschaften, die ich dir nicht vorenthalten möchte. In vielen Ländern ist Ingwer ein wahres Heilmittel, das auch als Superfood bezeichnet wird. Die Wirkung ist kaum in Worte zu beschreiben und der Ingwer hilft bei vielen Beschwerden. Unter anderem wird Ingwer gern als natürliches Schmerzmittel verwendet. Besonders wenn man an Rückenschmerzen, Nacken- und Gelenkbeschwerden leidet. Darüber hinaus, wird das Immunsystem gestärkt, die Fettverbrennung enorm angekurbelt und Abwehrkräfte werden aufgebaut. Ich verwende Ingwer sehr gern, wenn ich erkältet bin. Ingwer wirkt somit beruhigend, wärmend, schmerzlindernd, schleim- und krampflösend.

16. Belebender Beerentraum

Zutaten für 2 - 4 Smoothie Gläser:

- 1 Handvoll frische Himbeeren
- 1 Handvoll frische Brombeeren
- 1 Handvoll frische Heidelbeeren
- 2 rote Äpfel, 1 Banane
- 300 ml kaltes Wasser

Kleiner Tipp:

- Hast du keine frischen Beeren bekommen, so kannst du auch TK-Beeren nehmen. Hier nimmst du 1 ½ Tassen Beeren-Mix für deinen Smoothie.
- Zusätzlich macht sich etwas Joghurt sehr gut. Hierfür nimmst du 5 EL Naturjoghurt und mixt es dazu. Die vegane Alternative wäre Lupinen- oder Sojajoghurt.
- Verwendest du eine sehr reife Banane, so musst du nicht mehr süßen. Eine tolle Alternative.

Zubereitung:

1. Zunächst alle Beeren verlesen und waschen.
2. Die Äpfel waschen, entkernen und in Stücke schneiden.
3. Nun die Banane schälen und halbieren.
4. Anschließend alle Zutaten in einen Smoothie Mixer geben und fein pürieren.
5. Zum Schluss in die Smoothie-Gläser füllen und sofort genießen.

Weitere Tipps und Tricks

- Die wertvollen Rezepte, die ich dir ans Herz lege, sind super gesund und helfen dir, bei jeglichen Beschwerden. Und wenn du mal Lust auf etwas fruchtiges hast, dann solltest du dieses Rezept ausprobieren. Der Beeren-Apfel-Smoothie ist ein erfrischender Begleiter, der in wenigen Minuten zubereitet werden kann. Die Beeren, die ich hier verwendet habe, schützen dein Herz und die Gefäße, beugen Herzerkrankungen vor und regulieren das Herz-Kreislauf-System. Auch stärken sie deine Knochen, helfen bei Gelenk- und Rückenschmerzen. Schauen wir uns die Beeren aber mal genauer an. Brombeeren sind reich an Vitamin E, Vitamin B1, Vitamin B2, Vitamin B6, Vitamin C, Folsäure, Natrium, Kalium, Kalzium, Magnesium, Zink und Mangan. Dazu kommt noch, dass die Beeren bei einer schmerzhaften Mandelentzündung helfen, den Kreislauf stabilisieren und den Stoffwechsel ankurbeln.
- Himbeeren besitzen ebenfalls wertvolle Eigenschaften. Die Power-Beere ist auch als Heilpflanze bekannt und das schon seit Jahrhunderten. Himbeeren wirken blutreinigend, entzündungshemmend, antibakteriell, fiebersenkend, harntreibend, beruhigend und antioxidantisch. Darüber hinaus, helfen Himbeeren bei Halsschmerzen, Zahnfleischentzündung, Zahnschmerzen, Immun- und Nervenschwäche. Zudem können sie Krankheiten wie Skorbut, Demenz, Herzerkrankungen und Rheuma vorbeugen.
- Kommen wir jetzt noch zur letzten Beere - die Heidelbeere. Auch diese sympathische Beere hat viele Vorteile, die du nutzen solltest. Unter anderem verbessert sie deine Sehkraft, sie stärkt die Haarwurzel, lässt Haarausfall verschwinden und verschafft dir einen frischen Teint. Gleichzeitig hilft die Heidelbeere bei Magen-Darm-Beschwerden, Menstruationsschmerzen, Bauchkrämpfe und Oberbauchschmerzen.

17. Morgendliche Lebensfreude

Zutaten für 2 - 4 Smoothie Gläser:

- 2 Avocados
- 1 Handvoll Brombeeren
- 1 Handvoll Heidelbeeren
- 300 ml Hafermilch

Kleiner Tipp:

- Frische Brombeeren und Heidelbeeren kannst du auch durch TK-Beeren ersetzen. Nach Belieben nimmst du noch ein paar Himbeeren dazu.
- Für einen sehr cremigen Smoothie, kannst du noch Joghurt und eine Banane dazugeben.
- Falls du keine Lust auf Hafermilch hast, so wähle Kuhmilch oder auch Kokosmilch. Soja- und Mandelmilch sind ebenfalls gut geeignet.

Zubereitung:

1. Heidelbeeren und Brombeeren vorab verlesen und waschen.
2. Nun die Avocados entkernen und das Fruchtfleisch grob würfeln.
3. Anschließend alle Zutaten in einen Smoothie Mixer geben und fein pürieren.
4. Zum Schluss in die Smoothie-Gläser füllen und sofort genießen.

Weitere Tipps und Tricks

- Damit ich auch morgens fit und vital in den Tag starten kann, trinke ich gern diesen Avocado-Beeren-Smoothie mit Hafermilch. Dadurch, dass er sättigend und stärkend wirkt, ist er für mich eine ideale Frühstücks-Alternative. Zudem besitzt der Smoothie wirkungsvolle Eigenschaften, von denen mein Körper profitiert.
- Hafermilch ist nicht nur vegan, sondern duftet auch himmlisch und schmeckt leicht nussig. Des Weiteren verbessert sie die Darmflora, reguliert das Magen-Darm-System und hilft mir, wenn ich an Verdauungsstörungen leide. Gleichzeitig ist die Hafermilch reich an Vitamin A, Vitamin B, Vitamin E, Phosphor, Eisen, Magnesium und Mangan.
- Ich habe dazu auch noch Avocados genommen, da sie eine gewisse Cremigkeit mit sich bringen. Darüber hinaus wirken sie sehr sättigend und verhindern, dass ich Heißhungerattacken bekommen. Avocados sind aber auch unglaublich gesund und dein Körper wird sich bei dir bedanken. Zum einen helfen Avocados bei Nervenschwäche, Nervosität, innerer Unruhe und Panikattacken. Zum anderen stärken sie auch mein Immunsystem, kurbeln den Stoffwechsel und die Fettverbrennung an. Für Haut und Haare sind Avocados ebenfalls ein wahrer Glücksgriff. Durch die gesunde Frucht bekommt mein Haar eine festere Struktur und der natürliche Glanz, der mit der Zeit verschwindet, ist auch wieder da. Meine Haut wird deutlich weicher und auch die Heilung von Wunden wird, durch die Avocado, beschleunigt.

18. Vital-Superfood-Booster

Zutaten für 2 - 4 Smoothie Gläser:

- 1 mittelgroßes Stück Ananas
- 1 kleines Stück Ingwer
- 3-4 Grünkohlblätter
- 1 Handvoll Feldsalat
- 300 ml kaltes Wasser

Kleiner Tipp:

- Ingwer kannst du nach Belieben auch ganz weglassen.
- Grünkohl kannst du durch Babyspinat oder Kopfsalat ersetzen. Möchtest du keinen Salat in deinen Smoothie haben, so wähle hierfür 1 ½ Avocados. Es schmeckt fantastisch und der Smoothie bekommt eine cremige Konsistenz.

Zubereitung:

1. Als Erstes die Ananas schälen und in Stücke schneiden.
2. Ingwer schälen, putzen und halbieren.
3. Grünkohl und Feldsalat waschen und gründlich putzen.
4. Anschließend alle Zutaten in einen Smoothie Mixer geben und fein pürieren.
5. Zum Schluss in die Smoothie-Gläser füllen und sofort genießen.

Weitere Tipps und Tricks

- Ingwer und Grünkohl - ein perfektes Paar, dass das Maximum an Gesundheit, hervorrufen kann. Dieser köstliche Smoothie ist ein wahres Naturtalent in Sachen Entgiftung und Fettverbrennung. Er wirkt stark entgiftend, entschlackend und kurbelt die Fettverbrennung enorm an.
- Ingwer hat zu jedem Problem, eine wirkungsvolle und gesunde Lösung parat. Das ist wohl einer der Gründe, wieso ich die Wunderwurzel so sehr liebe und zu schätzen weiß. Auf der ganzen Welt ist Ingwer ein gern gesehener Gast und wird gern als natürliches Heilmittel angewendet. Dazu kommt noch, dass Ingwer bei Erkältung, grippalen Infekten, Halsschmerzen, Heiserkeit, Husten, Schnupfen, Antriebslosigkeit, Gliederschmerzen und Fieber hilft und Symptome lindert. Auch verwende ich Ingwer sehr gern, wenn ich Magenschmerzen, Magen-Darm-Probleme, Oberbauchschmerzen und Reizdarm habe. Denn Ingwer wirkt entzündungshemmend, schmerzstillend, beruhigend, krampf- und schleimlösend.
- Ich gebe dir einen guten Tipp - greife öfters zum Grünkohl! Grünkohl ist ein hochbasisches Gemüse, das reich an Vitamin C, Vitamin D, Vitamin K, Eisen, Kalzium, Mangan, Kalium, Natrium, Phosphor, Zink und Mineralstoffen ist. In erster Linie wird es als Heilmittel verwendet, was ich absolut befürworte. Denn das Superfood beugt Herpes vor, stärkt das Immunsystem, baut die Abwehrkräfte auf und wirkt stark entgiftend. Mit Grünkohl kannst du auch einige Kilos abnehmen, da es sättigend wirkt. Heißhungerattacken gehören somit der Vergangenheit an und das ist auch gut so.

19. Der Glücklichmacher

Zutaten für 2 - 4 Smoothie Gläser:

- 5 Blätter Kopfsalat
- 1 Handvoll Babyspinat
- 4-5 Basilikumblätter
- 2 Avocados
- 300 ml kaltes Wasser

Kleiner Tipp:

- Statt Basilikum kannst du auch frische Minze verwenden. Auch Zitronenmelisse macht sich hier sehr gut. Natürlich kannst du Basilikum ganz weglassen, falls dir der Geschmack zu markant ist.
- Für etwas mehr Cremigkeit, empfehle ich dir Joghurt hinzuzufügen. Natürlich geht die vegane Variante auch sehr gut - hier verändert sich die Konsistenz nicht.

Zubereitung:

1. Zuerst Babyspinat und Kopfsalat waschen und gründlich putzen.
2. Basilikumblätter ebenfalls waschen.
3. Nun die Avocados entkernen und das Fruchtfleisch grob hacken.
4. Anschließend alle Zutaten in einen Smoothie Mixer geben und fein pürieren.
5. Zum Schluss in die Smoothie-Gläser füllen und sofort genießen.

Weitere Tipps und Tricks

- Du möchtest entgiften, dich besser fühlen und vielleicht noch einige Kilos verlieren? Dann MUSST du diesen Smoothie ausprobieren. Ich habe mit dem Kopfsalat-Basilikum-Smoothie einige Kilos abnehmen können und meinen Körper von Giftstoffen befreit. Seitdem fühle ich mich großartig und könnte die ganze Welt umarmen. Dieses Gefühl ist eigentlich unbeschreiblich und kaum in Worte zu fassen. Gern möchte ich dir ein wenig mehr über die Zutaten erzählen, damit du meine Euphorie auch nachempfinden kannst.
- Ich habe für diesen Smoothie einige Basilikumblätter verwendet. Basilikum ist ein Wunder- und Heilkraut, das entschlackend, entgiftend, antioxidantisch, entzündungshemmend und antibakteriell wirkt. Basilikum kurbelt die Fettverbrennung stark an, baut dein Immunsystem auf und hilft bei diversen Beschwerden, unter Anderem bei Menstruationsschmerzen, Gicht, Blasen-entzündung, Schwindelanfälle, Migräne und Kopfschmerzen.
- Die Avocado, die ich hier ebenfalls verwendet habe, wirkt sättigend und kann Heißhungerattacken sofort stoppen. Des Weiteren hilft die Avocado bei Magen-Darm-Beschwerden, Verdauungsstörungen, Verstopfungen, Durchfall, Blähungen, Völlegefühl, Reizdarm und Oberbauchschmerzen.
- Und wenn du denkst, dass Kopfsalat keine Nährstoffe oder gesundheitsfördernde Eigenschaften besitzt, dann liegst du absolut falsch! Kopfsalat kann sich vor gesunden Eigenschaften kaum noch retten. Kopfsalat ist reich an Vitamin C, Vitamin E, Vitamin B, Folsäure, Beta-Carotin, Kalium, Natrium, Magnesium und Kalzium. Zudem fördert Kopfsalat die Durchblutung, schützt Herz und Gefäße, reguliert das Herz-Kreislauf-System und stärkt deine Konzentrationsfähigkeit.

20. Der natürliche Wachmacher

Zutaten für 2 - 4 Smoothie Gläser:

- 2 TL Matcha Pulver
- 2 Bananen
- 7 EL Naturjoghurt
- 300 ml Mandelmilch

Kleiner Tipp:

- Neben den Bananen, kannst du auch gern einen Apfel oder eine Birne hinzufügen. Eine reife Avocado ist ebenfalls super und schmeckt toll.
- Statt Mandelmilch kannst du auch gern Kuhmilch, Sojamilch oder Kokosmilch benutzen.

Zubereitung:

1. Die Bananen schälen und in Stücke brechen.
2. Anschließend alle Zutaten in einen Smoothie Mixer geben und fein pürieren.
3. Zum Schluss in die Smoothie-Gläser füllen und sofort genießen.

Weitere Tipps und Tricks

- Hast du schon einmal etwas über Matcha Tee gehört? Nein? Dann solltest du jetzt unbedingt weiterlesen. Matcha Tee, das hier in Form von Pulver verkauft wird, gehört zu den sogenannten Superfoods - und das aus mehreren Gründen.
- Das traditionelle Getränk aus Japan wird aus gemahlenen Grünblättern gemacht. Er ist sogar so gesund, dass er wohl schwerwiegende Krankheiten verhindern kann. Der Tee hat einen wohltuenden und aromatische Geschmack und hilft bei vielen Beschwerden, die man im Leben mit sich trägt. Wichtig: Da Matcha Tee Koffein enthält, solltest du den Smoothie nicht zum Abend trinken. Zum einen wirkt Matcha Tee antioxidantisch, entgiftend, entspannend, sättigend, entzündungshemmend, antibakterielle und lässt schlechte Laune im Nu verschwinden. Zum anderen reguliert der Tee auch das Herz-Kreislauf-System, kann Herzerkrankungen vorbeugen, schützt das Herz und fördert die Durchblutung.
- Bananen haben ebenfalls erstaunliche Eigenschaften, die ich dir näher erläutern möchte. Die süße Frucht ist reich an Vitamin C, Vitamin B, Vitamin B6, Folsäure, Kalzium, Magnesium, Kalium und Mineralstoffe. Gleichzeitig hilft die Banane bei Verdauungsstörungen, Durchfall, Menstruationsbeschwerden, Magenkrämpfe und Bauchschmerzen. Menschen, die an Reizdarm leiden, haben mit der Banane großes Glück. Sie wirkt beruhigend, entzündungshemmend, antibakteriell und sättigend.

21. Exotischer Power-Vitamin-Drink

Zutaten für 2 - 4 Smoothie Gläser:

- 2 Mangos
- 1 kleines Stück Ingwer
- 1 mittelgroßes Stück Salatgurke
- 1 Handvoll Rucola
- 1 Handvoll Babyspinat
- 300 ml kaltes Wasser

Kleiner Tipp:

- Statt Rucola kannst du auch die doppelte Menge an Babyspinat benutzen. Feldsalat oder Kopfsalat machen sich ebenfalls sehr gut.
- Ist dir Ingwer zu scharf, so lasse ihn ganz weg. Ich empfehle dir noch 5 EL Naturjoghurt hinzuzufügen - hier bekommst du eine tolle Cremigkeit und der Smoothie wirkt sehr erfrischend.

Zubereitung:

1. Als Erstes die Mangos schälen und das Fruchtfleisch vom Kern schneiden.
2. Den Ingwer ebenfalls schälen, putzen und halbieren.
3. Rucola und Spinat waschen und gründlich putzen.
4. Nun die Salatgurke waschen, putzen und in Stücke schneiden.
5. Anschließend alle Zutaten in einen Smoothie Mixer geben und fein pürieren.
6. Zum Schluss in die Smoothie-Gläser füllen und sofort genießen.

Weitere Tipps und Tricks

- Mango, Ingwer und Salatgurke - eine außergewöhnliche Kombination, die dir das Maximum an Wohlbefinden und Gesundheit wiedergibt. Für mich ist dieser Smoothie ein wahrer "Powerdrink", den du unbedingt nachmachen musst. Er wirkt stark antioxidantisch, entgiftend und entschlackend. Gleichzeitig bekommst du eine gigantische Ladung an Vitamin C, die du für einen stressigen Tag gebrauchen kannst.
- Es gibt unzählige Gründe, wieso du die Mango essen und verwenden solltest. Zum einen ist die Mango ein fantastischer Energielieferant, sie stärkt dein Immunsystem, hilft bei Antriebslosigkeit und Konzentrationsschwäche. Zudem kann die Mango deine Sehstärke verbessern, beugt trockene Augen vor und schützt deine Haut. Darüber hinaus, wirkt die Mango stark entgiftend und kann deinen Körper, von Giftstoffen und freien Radikalen, befreien.
- Verfeinert habe ich den Smoothie mit der gesunden Salatgurke. Zwar besteht die Gurke überwiegend aus Wasser, aber sie hat noch andere Eigenschaften, die diverse Beschwerden lindert und bekämpft. Unter anderem Magen-Darm-Beschwerden, Migräne, Kopfschmerzen, Blähungen, Verstopfungen, Reizdarm, Rücken- und Gelenkschmerzen. Zudem kannst du mit der Gurke dein Gedächtnis stärken, deinen Körper entgiften, Stress und Nervosität lindern.

22. Stärkender Guten-Morgen-Begleiter

Zutaten für 2 - 4 Smoothie Gläser:

- 2 Bananen
- 7-9 EL Haferflocken
- 200 ml Kokosmilch
- 100 ml kaltes Wasser
- 2 EL Naturjoghurt
- 3 EL Agavendicksaft

Kleiner Tipp:

- Um den Guten-Morgen-Smoothie noch etwas zu verfeinern oder aufzupeppen, kannst du ein paar Beeren untermixen. Hierfür eignen sich eigentlich alle Beerensorten - Himbeeren, Brombeeren oder auch Heidelbeeren. Natürlich kannst du auch TK-Beeren verwenden.
- Bist du kein "Liebhaber" von Kokosmilch, so nehme gern eine andere Variante. Von Kuhmilch und Sojamilch bis hin zu Lupinenmilch - hier gibt es keine Grenzen.

Zubereitung:

1. Zuerst die Bananen schälen und in Stücke schneiden.
2. Alle Zutaten in einen Mixer geben und fein pürieren.
3. Zum Schluss in Gläser füllen und servieren.

Weitere Tipps und Tricks

- Brauchst du etwas Gesundes für den Start in den Tag, so ist dieser Smoothie mehr als optimal und perfekt für dich geeignet. Der leckere Guten-Morgen-Smoothie besitzt viele und wertvolle Eigenschaften, die deinen Körper positiv beeinflussen.
- Zum einen liefert er eine Menge Energie, schützt das Herz und macht gute Laune. Auch bei Verdauungsbeschwerden ist dieser Smoothie einfach nur genial. Leidest du unter Migräne, innerer Unruhe und bist eventuell etwas Nervös - dann mixe dir diesen himmlischen Smoothie und lass dich fallen. Er wird dir definitiv helfen!
- Die Kokosmilch, die in dem Smoothie beinhaltet ist, ist ein wahrer Alleskönner. Sie hilft bei Antriebslosigkeit, stärkt das Immunsystem und die Abwehrkräfte. Auch wirkt die Kokosmilch entzündungshemmend, antibakteriell und sättigt. Für Menschen, die sich also gesund und vital ernähren möchten, ist dieser Smoothie das perfektes Getränk.

23. Vitaler Energie-Drink

Zutaten für 2 - 4 Smoothie Gläser:

- 250 g Babyspinat
- 2 große Mangos
- 1 Maracuja
- 300 ml kaltes Wasser

Kleiner Tipp:

- Zu dem Babyspinat kannst du gerne noch eine Handvoll Feldsalat verwenden. Oder du ersetzt den Babyspinat durch einen anderen Salat - Das ist dir überlassen.
- Die Maracuja kannst du gern durch ein Stück Ananas ersetzen. Nektarinen machen sich auch sehr gut und es schmeckt besonders fruchtig.

Zubereitung:

1. Als Erstes die Maracuja halbieren und das Fruchtfleisch heraus löffeln.
2. Den Babyspinat waschen und gründlich putzen.
3. Anschließend die Mangos schälen und das Fruchtfleisch vom Kern schneiden.
4. Alle Zutaten nun in einen Smoothie Mixer geben und fein pürieren.
5. Zum Schluss in die Gläser füllen und sofort genießen.

Weitere Tipps und Tricks

- Ein weiterer Smoothie, der entschlackend und entgiftend wirkt, ist dieser Spinat-Mango-Smoothie. Er enthält alle Zutaten, die ich brauche, um gesund, vital und fit zu bleiben. Zudem kannst du ihn zu jeder Jahreszeit trinken.
- Mangos sind reich an Vitamin C, Vitamin A, Vitamin D, Folsäure, Kalium, Kalzium, Natrium, Phosphor und Magnesium. Die sättigende Wirkung ist ebenfalls ein großes Plus, wenn man einige Kilos verlieren möchte. Ein weiterer Punkt, den ich dir nicht vorenthalten möchte ist, dass die Mango bei Blasenentzündung, Durchfall, Unwohlsein, Magen-Darm-Beschwerden, Kopfschmerzen, Migräne und Gelenkbeschwerden helfen kann.
- In Kombination mit Maracuja und Feldsalat ist dieser Smoothie unschlagbar. Und wenn wir schonmal bei der Maracuja sind, dann kann ich dir ebenfalls Einiges berichten. Die Maracuja oder auch Passionsfrucht genannt, wird leider zu oft unterschätzt. Meist bekommt sie nicht die Aufmerksamkeit, die sie eigentlich verdient. Ich liebe die Maracuja und das in vielen Variationen. Entweder ich löffle sie nebenbei, als kleinen Snack. Oder ich gebe sie in meine Smoothies. Aber was für Eigenschaften besitzt die Maracuja? Zum einen ist ihr Vitamingehalt unglaublich. Auch wirkt sie sehr beruhigend auf meinen Körper - und das nicht ohne Grund. In vielen Ländern aber auch in diversen Präparaten wird die sogenannte "Passionsblume" verwendet. Diese findet man vor allem in Beruhigungs- und Schlafmitteln.

Smoothies für eine Extra-Ladung Vitamin C

Egal ob Sommer oder Winter - Vitamine sind wichtig für unser Wohlbefinden und für unsere Gesundheit. Trinkst du jeden Tag einen Smoothie, so bekommst du eine Extraportion Vitamin C geschenkt und das ist mehr als wichtig.

Vor allem wenn man einen vollen Alltag vor sich hat, sind Vitamine unglaublich essentiell. Ich kann dir nur raten, das Thema "Vitamin C" ernst zu nehmen, damit du gesund, vital und fit bleibst. Gleichzeitig stärkst du damit deine Abwehrkräfte und auch dein Stoffwechsel wird angekurbelt. Ist das nicht toll?

Ich habe für dich ein paar wirkungsvolle und leckere Smoothies zusammengestellt, die mit viel Vitamin C bestückt sind. So bist du für den Tag und für die Woche besonders gut eingedeckt und kannst die Vorteile, der köstlichen Smoothies genießen und erleben.

Kleiner Tipp: Bei Erkältung oder einem grippalen Effekt, können dir diese Smoothies ebenfalls helfen. So bekommst du eine wohltuende und effektive Unterstützung, wenn du an Husten, Schnupfen, Hals- oder Gliederschmerzen leidest.

Viel Spaß bei der Zubereitung!

1. Exotische Vitaminbombe

Zutaten für 2 - 4 Gläser:

- 2 Mangos
- 250 g frischen Feldsalat
- 1 Handvoll Rucola
- 300 ml Pfefferminztee

Kleiner Tipp:

- Du hast keine Lust auf Pfefferminztee? Das ist kein Problem - du kannst hierfür auch 200 Milliliter Wasser benutzen. Schön wäre es aber, wenn du dann noch etwas Babyspinat, Feldsalat oder Rucola dazu gibst.
- Die Mangos kannst du ganz locker durch 1 mittelgroßes Stück Ananas, 3 Nektarinen, 1 ½ Avocados, 2 Bananen oder 2 Birnen ersetzen.

Zubereitung:

1. Den Pfefferminztee frisch aufkochen und erkalten lassen.
2. Währenddessen die Mangos schälen und das Fruchtfleisch vom Kern schneiden.
3. Anschließend Feldsalat und Rucola gründlich waschen und putzen.
4. Alle Zutaten nun in einen Smoothie Mixer geben und fein pürieren.
5. Zum Schluss den Smoothie in die Gläser füllen und sofort genießen.

Weitere Tipps und Tricks

- Brauchst du eine Vitamin-C-Bombe, damit du wieder auf die Beine kommst? Dann kann ich dir diesen Smoothie absolut ans Herz legen. Er ist ein wahrer Wunder-Smoothie, der dir alles gibt, was du brauchst.
- Ich bin gigantischer Mango-Fan und liebe den exotischen und aromatischen Charme, der Frucht. Gleichzeitig ist die Mango unglaublich gesund, wirkt sättigend, entzündungshemmend, antibakteriell, antioxidantisch, darmreinigend und krampflösend. Darüber hinaus ist sie reich an Vitamin A, Vitamin B, Vitamin B1, Vitamin C, Folsäure, Beta-Carotin, Spurenelemente und Mineralstoffen. Des Weiteren hilft dir die Mango, wenn du Verdauungsstörungen hast, bei Reizdarm, Magenschmerzen, Völlegefühl Unwohlsein.
- Rucola, das ich bei diesem Smoothie verwendet habe, wird meist stark unterschätzt. Das ist sehr schade, da Rucola sehr gesund und wirkungsvoll ist. Rucola wirkt stark entgiftend und kann deinen Körper von Giftstoffen entfernen. Gleichzeitig hilft Rucola bei Nervenschwäche, kann deine Konzentrationsfähigkeit steigern, stärkt deine Knochen, reguliert das Herz-Kreislauf-System und schützt dein Herz.

2. Minziger Vitamin-Booster

Zutaten für 2 - 4 Smoothie Gläser:

- 1 kleines Stück Ananas
- 200-250 g Babyspinat
- Etwas frische Minze
- 300 ml kaltes Wasser

Kleiner Tipp:

- Neben der frischen Minze, macht sich auch etwas Zitronenmelisse sehr gut. Hier entsteht eine schöne Note, die sehr aromatisch schmeckt.
- Statt Ananas kannst du auch gern Birnen, Mangos, Äpfel oder Avocados anwenden.
- Für eine Extraportion Vitamin C, kannst du auch noch eine Passionsfrucht untermischen. Hierfür einfach die Passionsfrucht halbieren und das Fruchtfleisch heraus löffeln.

Zubereitung:

1. Zuerst die Ananas schälen und in Würfel schneiden.
2. Den Babyspinat waschen und gründlich putzen.
3. Anschließend die frische Minze waschen.
4. Alle Zutaten in einen Smoothie Mixer geben und fein pürieren.
5. Zum Schluss in die Gläser füllen und sofort servieren.

Weitere Tipps und Tricks

- Dieser aromatische und raffinierte Smoothie gehört zu meinen Lieblingen. Das liegt daran, dass er wohltuende Zutaten Inne hat, die meine Gesundheit stärken. Vor allem schmeckt er himmlisch, enthält gesundheitsfördernde Zutaten und ermöglicht mir, einen stressigen Tag, gut durchzuhalten.
- Die Ananas ist reich an Vitamin C, Vitamin A, Vitamin B, Vitamin B6, Vitamin B12, Vitamin E, Ballaststoffen, Spurenelementen, Mineralstoffen, Kalzium und Zink. Sie stärkt mein Immunsystem enorm, baut meine Abwehrkräfte auf und hebt dazu auch noch meine Laune. Somit ist er, an winterlichen und kalten Tagen, ein absolutes Muss. Aber die Ananas kann noch viel mehr! Zum einen hilft die Ananas bei Nervenschwäche, innerer Unruhe und Nervosität. Zum anderen lindert sie Panikattacken, Angstzustände und ähnliche Beschwerden. Gleichzeitig reguliert sie mein Magen-Darm-System, hilft mir bei Verdauungsproblemen, Durchfall und Menstruationsbeschwerden.
- Babyspinat, den ich hier ebenfalls verwende, hat ebenfalls einiges zu bieten. Babyspinat ist ein hervorragender Energielieferant, den wir doch alle gebrauchen können, oder? Ebenso hilft mir Spinat bei Magenkrämpfe, Bauchschmerzen und Völlegefühl.
- Möchtest du dich gesund ernähren und deinem Körper was Gutes tun - dann wähle diesen Smoothie!

3. Der raffinierte Erkältungs-Smoothie

Zutaten für 2 - 4 Gläser:

- 2 rote Äpfel
- 2 Birnen
- 1 Handvoll Babyspinat
- 1 Handvoll Feldsalat
- Etwas frische Minze
- 300 ml kaltes Wasser

Kleiner Tipp:

- Bist du gegen Birnen und Äpfel allergisch, so ersetze beides durch 2 Bananen. Auch kannst du ein großes Stück Ananas verwenden.
- Nach Belieben füge noch eine halbe Avocado dazu.

Zubereitung:

1. Zuerst Äpfel und Birnen waschen, entkernen und würfeln.
2. Babyspinat und Feldsalat waschen und gründlich putzen.
3. Die frische Minze ebenfalls waschen.
4. Alle Zutaten in einen Smoothie Mixer geben und fein pürieren.
5. Zum Schluss in die Smoothie-Gläser füllen und sofort genießen.

Weitere Tipps und Tricks

- Egal ob Sommer oder Winter - ein frischer und fruchtiger Smoothie kann nie schaden. Vor allem dann nicht, wenn er auch noch sehr gesund ist. Besonders die Kombination aus Minze, Apfel und Birnen, macht ihn so unschlagbar und einzigartig.
- Kommen wir aber zu den gesunden Eigenschaften, die ich dir nicht vorenthalten möchte. Der Apfel-Birnen-Smoothie mit frischer Minze besitzt wunderbare Eigenschaften, die ich so schätze. Er macht gute Laune, hilft bei Nervosität, innerer Unruhe und kann Panikattacken lindern. Zudem hilft der Smoothie bei Erkältung, grippalen Infekten, Schnupfen, Husten, Heiserkeit, Halsschmerzen, Gliederschmerzen. und Antriebslosigkeit.
- Die frische Minze, die ich hier ebenfalls verwendet habe, wirkt beruhigend, schmerzlindernd, entzündungshemmend, krampf- und schleimlösend. Sie ist ein wunderbarer Begleiter bei so vielen Beschwerden. Frauen, die an starken Menstruationsbeschwerden, Unterleibsschmerzen, Bauchkrämpfe und Rückenschmerzen leiden, haben mit der Minze einen Volltreffer gelandet.
- Äpfel sind grandiose Energielieferanten, stärken dein Immunsystem, bauen die Abwehrkräfte auf und sind reich an Vitaminen. Denn in einem einzigen Apfel stecken über 30 verschiedene Vitamine. Umwerfend, oder? Zudem können Äpfel bei Verdauungsstörungen, Magen-Darm-Problemen und Blasen-entzündungen helfen.

4. Vitamin-Smash

Zutaten für 2 - 4 Gläser:

- 2 Bananen
- 1 Avocado
- 150-170 g Salat-Mix
- 200 ml Mandelmilch
- 100 ml kaltes Wasser

Kleiner Tipp:

- Salat-Mix kannst du auch gern durch Babyspinat oder Feldsalat ersetzen.
- Möchtest du keine Mandelmilch in deinen Smoothie, so verwende hierfür 300 Milliliter kaltes Wasser. Aber auch Kuhmilch, Soja- oder Kokosmilch sind gut dafür geeignet.
- Eine weitere und leckere Variante wäre Kokoswasser - einfach durch Wasser ersetzen.

Zubereitung:

1. Zunächst die Bananen schälen und halbieren.
2. Die Avocado entkernen und das Fruchtfleisch grob hacken.
3. Nun den Salat-Mix gründlich waschen und putzen.
4. Anschließend alle Zutaten in einen Smoothie Mixer geben und fein pürieren.
5. Zum Schluss in die Smoothie-Gläser füllen und sofort genießen.

Weitere Tipps und Tricks

- Salat, Mandelmilch und Banane - passt das zusammen? Oh ja! Alle Zutaten, für diesen Smoothie, wurden von mir sorgfältig heraus gesucht. Sie harmonieren wunderbar zusammen und besitzen positive Eigenschaften, die dein Leben verändern können.
- Gesunder und kalorienarmer Salat hat ebenfalls wunderbare Eigenschaften, die du dir genauer ansehen solltest. Leider wird Salat extrem unterschätzt, was ich sehr schade finde. Denn Salat ist reich an Vitamin C, Vitamin K, Vitamin E, Eisen, Folsäure und Beta-Carotin. Darüber hinaus, wirkt Salat stark entgiftend, kurbelt die Fettverbrennung an, stärkt das Immunsystem, fördert die Durchblutung und schützt dein Herz.
- Mandelmilch ist eine hervorragende Alternative zur handelsüblichen Kuhmilch. Für Veganer ist dieses Rezept also unverzichtbar. Zwar hat sie eine ähnliche Konsistenz wie die Kuhmilch, sie ist aber gluten- und laktosefrei. Des Weiteren besitzt die Mandelmilch keinen Cholesterin und ist reich an Vitamin A, Vitamin D, Proteine, Zink, Eisen, Kalzium, Magnesium und Kalium. Gleichzeitig kann die Mandelmilch deinen Cholesterinspiegel regulieren, deinen Stoffwechsel ankurbeln und dein Immunsystem stärken. Möchtest du an Gewicht verlieren, so empfehle ich dir die ungesüßte Variante. Diese hat nämlich nur wenige Kalorien, wirkt sättigend und stoppt nervige Heißhungerattacken.

5. Der vitaminreiche Glücksbringer

Zutaten für 2 - 4 Gläser:

- 2 Kiwis
- 1 Handvoll Koriander
- 1 Handvoll Babyspinat
- 1 mittelgroßes Stück Salatgurke
- 270 ml kaltes Wasser

Kleiner Tipp:

- Bist du kein Fan von Koriander, so kannst du ihn auch durch Babyspinat, Feldsalat oder einer anderen Salatsorte ersetzen. Auch Petersilie macht sich hier sehr gut. Dann solltest du aber die glatte Petersilie benutzen, da sie einen milden Geschmack besitzt.

Zubereitung:

1. Die Kiwis schälen und vierteln.
2. Nun den Koriander waschen.
3. Anschließend den Babyspinat waschen und gründlich putzen.
4. Die Salatgurke waschen und putzen.
5. Alle Zutaten in einen Smoothie Mixer geben und fein pürieren.
6. Zum Schluss in die Smoothie-Gläser füllen und sofort genießen.

Weitere Tipps und Tricks

- Ich bin ein gigantischer Fan von aromatischen Kräutern. In der Küche verwende ich sie liebend gern und kann damit jedes Gericht wunderbar verfeinern. Aber wie sieht es in Smoothies aus? In den gesunden Drinks kann ich sie dir ebenfalls empfehlen, da sie lecker und gesund sind.
- Die üblichen Kräuter, die man in der Smoothie-Welt kennt, sind frische Minze, Petersilie und Basilikum. Aber was ist mit Koriander? Ungewöhnlich aber äußerst geschmackvoll. Koriander besitzt einen würzigen aber sehr raffinierten Charme, der mich zum Träumen verführt. Zudem ist Koriander unglaublich gesund und das ist auch der Sinn eines Smoothies. Es gibt viele Gründe, wieso du Koriander in deinen Smoothie geben solltest. Zum einen wirkt Koriander extrem entgiftend, reinigt deinen Organismus von Giftstoffen und wirkt dazu auch noch entschlackend. Zum anderen reguliert Koriander das Herz-Kreislauf-System. Schützt dein Herz und die Gefäße, hilft bei Blutarmut und fördert die Durchblutung. Darüber hinaus, kann Koriander Rheuma vorbeugen, wirkt zudem entzündungshemmend, durchblutungsfördernd, antibakteriell, krampflösend, schmerzstillend und beruhigend.
- Damit du noch ausreichend gestärkt wirst, habe ich die Kiwi noch hinzugefügt. Wusstest du, dass die Kiwi doppelt soviel Vitamin C besitzt wie eine Orange? Oh ja, die Kiwi ist eine geniale Vitaminbombe und es befinden sich noch weitere 16 Vitamine, in der köstlichen Frucht. Zudem stärkt die Kiwi dein Immunsystem, kurbelt deinen Stoffwechsel an und baut deine Abwehrkräfte auf. Gleichzeitig hilft die Kiwi beim Stressabbau, stärkt die Nerven, hebt die Laune, hilft bei Nervosität, lindert Panikattacken und Angstzustände.

6. Calm-Down-Smoothie

Zutaten für 2 - 4 Gläser:

- 2 rote Äpfel
- 3 Grünkohlblätter
- 1 Handvoll Babyspinat
- 1 Kiwi
- 300 ml Kokoswasser

Kleiner Tipp:

- Bist du gegen Äpfel allergisch, so ersetze die Frucht durch 1 ½ Avocados oder 2 Birnen oder 2 Nektarinen.
- Und wenn du keine Lust auf Kokoswasser hast, dann kannst du natürlich auch normales Wasser verwenden.

Zubereitung:

1. Zuerst die Äpfel waschen, entkernen und vierteln.
2. Grünkohlblätter und Spinat waschen und gründlich putzen.
3. Nun die Kiwi schälen und ebenfalls vierteln.
4. Anschließend alle Zutaten in einen Smoothie Mixer geben und fein pürieren.
5. Zum Schluss in die Smoothie-Gläser füllen und sofort genießen.

Weitere Tipps und Tricks

- Entgiften ist ein grandioser und sehr wichtiger Prozess, den du unbedingt ausprobieren solltest. Durch die Entgiftung bleibst du gesund und du wirst schädliche Giftstoffe los, die sich in deinem Körper festgesetzt haben. Mit den beliebten Smoothies kommst du definitiv einen Schritt weiter und dazu schmecken sie auch noch sehr lecker. Der Apfel-Grünkohl-Smoothie mit Kokoswasser gehört dazu und du solltest ihn sofort testen.
- Kokoswasser ist gerade voll im Trend und ich finde das ziemlich gut. Aber schon vor der Trendwelle war Kokoswasser sehr hilfreich und gesund. Man hat die Vorteile jedoch zu spät entdeckt. Reines Kokoswasser besitzt weder Zucker, Salz, Kohlenhydrate noch Transfette. Somit unterstützt das Wasser deine Fettverbrennung und du kannst einige Kilos abnehmen. Des Weiteren wird deine Haut mit reichlich Feuchtigkeit versorgt. Das führt dazu, dass du einen frischen Teint bekommst und deine Haut erhält die Elastizität wieder, die du unbedingt brauchst. Ein weiterer Punkt, den ich noch erwähnen möchte, ist die Verdauung. Kokoswasser hilft bei Verdauungsstörungen, Verstopfungen, Blähungen, Bauchschmerzen, Oberbauchbeschwerden, Übelkeit, Reiseübelkeit und Völlegefühl.
- Wusstest du, dass die Kiwi doppelt soviel Vitamin C besitzt wie eine Zitrone oder Orange? Die Kiwi ist für mich eine wahre Wunderfrucht, die einiges vorzuweisen hat. Sie wirkt stark antioxidantisch, unterstützt den Entgiftungsprozess und baut dein Immunsystem auf. Auch kannst du Krankheiten wie Rheuma und Diabetes vorbeugen. Gleichzeitig hilft Kiwi bei Stresssituationen, Panikattacken, Nervosität, innerer Unruhe und Angstzustände. Somit kannst du dich, mit der Kiwi beruhigen und bekommst ein entspanntes Auftreten.

7. Der Himmlische Alleskönner

Zutaten für 2 - 4 Smoothie Gläser:

- 1 mittelgroßes Stück Ananas
- 4 Blätter Löwenzahn
- 2 Rote-Bete-Knollen (vorgekocht)
- 300 ml kaltes Wasser

Kleiner Tipp:

- Löwenzahn kann man nicht immer bekommen. Daher kannst du ihn super auch durch glatte Petersilie, Babyspinat, Feldsalat oder Kopfsalat ersetzen.
- Möchtest du keine Rote Bete in deinen Smoothie, so wähle hierfür einfach etwas anderes. 1 Salatgurke, großes Stück Sellerie, 1 großes Stück Ananas, 2 Mangos oder 1 großes Stück Papaya sind gute Alternativen.

Zubereitung:

1. Die Rote Bete putzen und vierteln.
2. Nun die Ananas schälen und in Stücke schneiden.
3. Anschließend den Löwenzahn waschen und gründlich putzen.
4. Alle Zutaten in einen Smoothie Mixer geben und fein pürieren.
5. Zum Schluss in die Smoothie-Gläser füllen und sofort genießen.

Weitere Tipps und Tricks

- Fruchtig, spritzig und aromatisch - so und nicht anders muss mein Smoothie schmecken. Dieser himmlische Ananas-Löwenzahn-Smoothie mit Rote Bete ist ein wahres Schmuckstück, in der Welt der Smoothies. Ich liebe die Kombination aus Ananas, Löwenzahn und Rote Bete. Zugegeben, es klingt etwas verrückt, aber er schmeckt grandios - DAS kannst du mir glauben!
- Die Ananas, die ich hier verwendet habe, ist ein hervorragender Energielieferant, stärkt dein Immunsystem, baut die Abwehrkräfte auf und kurbelt deinen Stoffwechsel an. Gleichzeitig hilft Ananas bei Verstopfung, Blähungen, Oberbauchschmerzen, Verdauungsproblemen und Unwohlsein. Darüber hinaus, wirkt die Ananas entgiftend, entschlackend, entzündungshemmend, antibakteriell, durchblutungsfördernd, schweißtreibend und fiebersenkend.
- Löwenzahn ist in erster Linie ein wahres Heilmittel und kann bei jeglichen Beschwerden, angewendet werden. Zum Einen hilft Löwenzahn bei Akne, Unreinheiten und Pickeln. Zum Anderen schützt Löwenzahn das Herz und die Gefäße, fördert ebenfalls die Durchblutung und kann Herzerkrankungen vorbeugen. Leidest du eventuell an Haarausfall, so solltest du Löwenzahn ausprobieren. Deine Haarstruktur wird gestärkt, Haarausfall bleibt fort und dein Haar bekommt den wunderbaren Glanz zurück, den du schon längst vermisst.

8. Spritziger Vitamin-C-Smoothie

Zutaten für 2 - 4 Smoothie Gläser:

- 1 kleines Stück Sellerie
- 1 Handvoll Feldsalat
- 1 Handvoll Babyspinat
- Saft aus 3 Orangen
- Saft aus einer halben Zitrone
- 300 ml kaltes Wasser

Kleiner Tipp:

- Orangen kannst du unkompliziert durch 5 Kumquats ersetzen. Auch 2 Kakis sind eine tolle Alternative. Möchtest du eine säuerliche Note erreichen, so kann ich dir 2 Grapefruits empfehlen. Ebenso auch der Saft aus zwei Limetten ist hervorragend und sehr lecker.
- Sellerie kannst du auch leicht durch Salat ersetzen. Hierfür nimmst du einfach die doppelte Menge an Babyspinat oder Feldsalat.

Zubereitung:

1. Sellerie vorab waschen und in Stücke schneiden.
2. Feldsalat und Babyspinat waschen und gründlich putzen.
3. Anschließend alle Zutaten in einen Smoothie Mixer geben und fein pürieren.
4. Zum Schluss in die Smoothie-Gläser füllen und sofort genießen.

Weitere Tipps und Tricks

- Wenn ich mir einen Smoothie zubereite, muss es schnell gehen. Ich habe keine Lust, dass die Zubereitung viel Zeit in Anspruch nimmt. Denke mal, dass es dir genauso geht. Der Sellerie-Orangen-Smoothie mit Feldsalat ist in nur wenigen Minuten fertig und du kannst ihn, in seiner vollen Pracht, sofort genießen. Neben dem Geschmack sind auch seine Eigenschaften wirkungsvoll und gesund.
- Der frische Feldsalat ist sehr vitaminreich, stärkt dein Immunsystem und baut die Abwehrkräfte auf. Zudem ist er ein hervorragender Energielieferant, den du in jeder Lage gebrauchen kannst. Des Weiteren reguliert Feldsalat deine Verdauung, er unterstützt dich bei der nervigen Reiseübelkeit und lindert Magen- und Darmbeschwerden. Zudem schützt der gesunde Salat dein Herz, die Gefäße, wirkt durchblutungsfördernd, fiebersenkend, schweißtreibend, schmerzlindernd, entzündungshemmend, entschlackend und antioxidantisch.
- Die spritzige Zitrone, die ich bewusst hinzugefügt habe, kann sich absolut sehen lassen. Der Vitamin-C-Gehalt ist enorm und hilft dir bei gesundheitlichen Problemen. Zum Einen wird dein Säure-Basen-Haushalt ausgeglichen, dein Immunsystem gestärkt und dein Stoffwechsel angekurbelt. Zum Anderen hilft die Zitrone bei schlechter Laune, schickt dir eine Menge Energie und hilft gleichzeitig bei Nervenschwäche. Somit kannst du entspannter den Tag erleben und bleibst trotzdem munter. Dadurch, dass die Zitrone stark entgiftend und entschlackend wirkt, kannst du die Fettverbrennung ankurbeln. Heißhungerattacken bleiben aus und du verlierst dazu auch noch einige Kilos.

9. Kleines Vitaminchen

Zutaten für 2 - 4 Smoothie Gläser:

- 1 Mango
- 1 Stück Ananas
- 1 Banane
- 1 Passionsfrucht
- 1 Apfel
- 300 ml Wasser

Kleiner Tipp:

- Um deinen Smoothie noch mehr Aroma zu vermitteln, kannst du auch etwas frische Minze verwenden. Hierfür einfach eine Handvoll frische Minzblätter waschen und putzen.
- Bist du gegen Äpfel allergisch, so verwende hierfür etwas mehr Ananas oder eine halbe Banane.

Zubereitung:

1. Zuerst die Mango schälen, das Fruchtfleisch vom Kern entfernen und grob zerhacken.
2. Anschließend die Passionsfrucht halbieren und das Fruchtfleisch heraus löffeln.
3. Nun die Ananas schälen und würfeln.
4. Danach die Banane schälen und halbieren.
5. Den Apfel waschen, halbieren, entkernen und grob würfeln.
6. Anschließend alle Zutaten in einen Smoothie Mixer geben und fein pürieren.
7. Zum Schluss in die Smoothie-Gläser füllen und sofort genießen.

Weitere Tipps und Tricks

- Dieser köstliche Smoothie bereitet einem sofort gut Laune. Mir jedenfalls, geht es immer so, wenn ich ihn mixe. Die Zutaten sind nicht nur unglaublich lecker und exotisch, auch sind sie wirkungsvoll und gesundheitsfördernd. Ihr Eigenschaften halten fit und geben euch das Maximum an Vitalität, die man für einen stressigen Tag, immer gebrauchen kann.
- Die Ananas enthält viel Vitamin C, stärkt das Immunsystem, baut die Abwehrkräfte auf und kurbelt den Stoffwechsel an. Dazu kommt noch, dass sie in vielen Ländern als Naturheilmittel bekannt ist und bei Rheuma, Gicht und Herz-Kreislauf-Erkrankungen helfen kann. Des Weiteren stärkt sie die Leistung des Gehirns, lässt schlechte Laune verschwinden und ist in Sachen Diäten, die beste Adresse. Außerdem wirkt sie entgiftend, entschlackend, entzündungshemmend, antibakteriell, krampflösend und belebend.
- Die Passionsfrucht ist ebenfalls ein wahres Wundermittel und kann euch bei einigen Beschwerden helfen. Zum Einen ist sie reich an Vitaminen, Kalzium, Kalium, Eisen, Mineralstoffen, Spurenelemente und Magnesium. Zum Anderen stärkt sie ebenfalls das Immunsystem und die Abwehrkräfte, hilft bei Nierenerkrankungen und Nervenschwäche. Zudem hilft sie bei Schwindel-anfällen, Menstruationsbeschwerden, Bauchschmerzen und Wechseljahr-beschwerden.
- Aber auch der Apfel kann sich in jeglicher Hinsicht blicken lassen. Wusstest du, dass in einem Apfel mehr als 30 verschiedene Vitamine stecken? Der Apfel ist somit unglaublich gesund und hilft bei Verstopfungen, Verdauungsproblemen, Erkältung, Gelenk- und Bauchschmerzen. Gleichzeitig stärkt er das Immunsystem, fördert die Durchblutung und hilft bei Kreislaufproblemen.

10. Vitaminreicher Zauberdrink

Zutaten für 2 - 4 Smoothie Gläser:

- 1 Handvoll helle Weintrauben
- 1 Handvoll Babyspinat, 1 kleine Dose Mandarinen
- 3 Kumquats-Früchte (Alternativ auch 2 Saftorangen)
- 1 reife Banane, 1 Birne
- 150 ml Kokoswasser, 150 ml Wasser
- 1 Handvoll frische Minze

Kleiner Tipp:

- Statt Kokoswasser kannst du natürlich auch normales Wasser nehmen. Füge doch ein paar Eiswürfel hinzu - so bekommt der Smoothie eine schönere Konsistenz und er wirkt gleichzeitig sehr erfrischend.
- Und falls du keine Mandarinen in deinen Smoothie haben möchtest, so ersetze diese durch zwei Nektarinen.

Zubereitung:

1. Als Erstes werden die Weintrauben vom Strunk entfernt und gründlich gewaschen.
2. Die Kumquats-Früchte schälen, entkernen und halbieren. Nun die Banane schälen und halbieren. Anschließend die Birne waschen, entkernen und vierteln. Die frische Minze waschen.
3. Anschließend alle Zutaten in einen Smoothie Mixer geben und fein pürieren. Zum Schluss in die Smoothie-Gläser füllen und sofort genießen.

Weitere Tipps und Tricks

- Dieser Frühlings-Smoothie ist nicht nur erfrischend und belebend, du kannst mit ihm auch deine Gäste imponieren. Die Zutaten sind alle sehr wohltuend, gesundheitsfördernd und wirkungsvoll. Gleichzeitig ist dieser köstliche Smoothie eine wahre Vitaminbombe und hilft dir, den Tag oder auch die Woche, vital zu meistern und zu starten. - Ich denke, das macht ihn so sympathisch und einzigartig.
- Die Weintrauben sind als gesunder Snack bekannt und wirken dazu noch entschlackend, entzündungshemmend, antibakteriell, entgiftend und schmerzstillend. Zudem stärken sie das Immunsystem und die Abwehrkräfte, kurbeln den Stoffwechsel an, helfen bei Konzentrationsschwäche und bei Migräne.
- Die Birne ist ebenfalls äußerst gesund und kann bei einigen Beschwerden, Wunder bewirken. Zum einen beugt die Birne Rheuma, Gicht, Herz-Kreislauf-Erkrankungen und Herz-Gefäß-Erkrankungen vor. Zum anderen helfen sie bei Verdauungsproblemen, Magen-Darm-Infektion, Durchfall, Magenverstimmung und Bauchschmerzen. Gleichzeitig reguliert die Birne die Darmflora und stärkt die Darmaktivität.
- Die frische Minze, die in dem Smoothie ebenfalls enthalten ist, kann in jeder Hinsicht positiv punkten. Zum Einen sorgt sie dafür, dass du einen frischen Atmen erhältst und lindert dazu auch noch Zahnfleischschmerzen. Zum Anderen wirkt die Minze entzündungshemmend, antibakteriell, schleimlösend und schmerzstillend. Ebenso verwende ich die Minze gerne bei Erkältung, Schnupfen, Husten, Halsschmerzen, Heiserkeit, Fieber und Gliederschmerzen. Auch bei Migräne ist die Minze ein Wundermittel und hilft mir, bei Extremfällen, die Migräne verschwinden zu lassen. Und auch bei Menstruationsbeschwerden, Rückenschmerzen, Kreislaufproblemen, Blut-hochdruck, Verdauungs-beschwerden, Verstopfungen, Blähungen und Schwindelanfälle, ist die Minze ein gesunder Begleiter. Dieser leckere Smoothie ist somit für jeden Anlass und jede Jahreszeit optimal geeignet.

11. Fruchtiger Energiedrink

Zutaten für 2 - 4 Smoothie Gläser:

- 1 Baby-Ananas, 1 Nashi-Birne
- 2 Limetten, 2 Passionsfrüchte
- 125ml Kokoswasser
- 1 kleines Stück Ingwer
- ½ Banane
- 300 ml kaltes Wasser

Kleiner Tipp:

- Für noch mehr Power in deinen Smoothie, empfehle ich dir noch eine Zitrone hinzuzufügen. Hierfür einfach die Zitrone auspressen und den Saft in den Mixer geben.
- Ingwer kannst du natürlich ganz weglassen.

Zubereitung:

1. Zuerst die Baby-Ananas schälen und in Stücke schneiden.
2. Die Limetten schälen und entkernen.
3. Nun den Ingwer schälen, putzen und grob hacken.
4. Anschließend die Passionsfrüchte halbieren und das Fruchtfleisch heraus löffeln.
5. Danach die Birne waschen, entkernen und vierteln.
6. Die Bananen schälen.
7. Anschließend alle Zutaten in einen Smoothie Mixer geben und fein pürieren.
8. Zum Schluss in die Smoothie-Gläser füllen und sofort genießen.

Weitere Tipps und Tricks

- Um einen gesunden und wirkungsvollen Smoothie zu kreieren, braucht man nicht viel Vorkenntnisse oder Erfahrungen. Im Endeffekt brauchst du nur einen guten und Leistungsstarken Smoothie Mixer - und das wars auch schon.
- Im Frühling oder Sommer liebe ich es neue und einzigartige Smoothies zu mixen. Vor allem auch Smoothies, die mich mit Vitaminen versorgen. Dieser köstliche Smoothie gehört definitiv dazu. Dieser wundervolle und wohltuende Smoothie gehört zu meinen Lieblingen und das nicht ohne Grund.
- Die Ananas, die in dem Smoothie enthalten ist, enthält unglaublich viel Vitamin C und stärkt somit mein Immunsystem, baut meine Abwehrkräfte auf und kurbelt auch meinen Stoffwechsel an. Dazu kommt noch, dass sie meine lästige Migräne verschwinden lässt und mir gute Laune vermittelt.
- Die Limette enthält ebenfalls viel Vitamin C und ist eine wunderbare und liebliche Alternative zur Zitrone. Bei Frühlings-Smoothie greife ich gerne zur Limette, da sie mich stärkt und mir die nötige Kraft gibt, wenn der Tag mal wieder stressig wird. Des Weiteren hilft die Limette bei Erkältung, Schnupfen, Heiserkeit, Husten, Fieber und innerer Erschöpfung.
- Die Nashi-Birne ist in Deutschland langsam angekommen und auch ihre Eigenschaften sind wunderbar. Zum Einen wirkt die Nashi-Birne entzündungshemmend, antibakteriell und beruhigend. Zum Anderen ist sie reich an Ballaststoffen, Spurenelementen, Mineralstoffen, Magnesium, Vitaminen, Eisen, Kalzium und Kalium. Auch hilft die Nashi-Birne bei Verstopfungen, Blähungen, Verdauungs-problemen, reguliert die Darmflora und stärkt die Darmaktivität. In Sachen Gesundheit bist du somit auf der sicheren Seite.

12. Frischer Vitamin-C-Booster

Zutaten für 2 - 4 Smoothie Gläser:

- 1 Bund Möhrengrün, 1 reife Avocado
- 1 Birne, 1 Handvoll Löwenzahn
- Etwas frische Zitronenmelisse
- 1 Handvoll glatte Petersilie, 1 kleines Stück Ingwer
- 300 ml kaltes Wasser

Kleiner Tipp:

- Löwenzahn und Möhrengrün kannst du leicht durch Salat ersetzen. Verwende hierfür einfach 150 Gramm Babyspinat, Feldsalat oder Kopfsalat.
- Und hast du gerade keine Zitronenmelisse im Hause, so nehme hierfür einfach frische Minzblätter.

Zubereitung:

1. Als Erstes Möhrengrün, Zitronenmelisse, Löwenzahn und Petersilie gründlich waschen und putzen.
2. Die Avocado halbieren und das Fruchtfleisch würfeln.
3. Nun die Birne waschen, entkernen und hacken.
4. Den Ingwer schälen, putzen und grob hacken.
5. Anschließend alle Zutaten in einen Smoothie Mixer geben und fein pürieren.
6. Zum Schluss in die Smoothie-Gläser füllen und sofort genießen.

Weitere Tipps und Tricks

- Ich habe über die Jahre einen großen Fehler gemacht: Das Möhrengrün an den frischen Karotten habe ich immer und ohne darüber nachzudenken weggeschmissen. Dies war eine falsche Entscheidung, da das Möhrengrün viele positive Eigenschaften enthält. Zum Einen ist Möhrengrün reich an Vitaminen, Eisen, Phosphor, Kalium, Natrium, Mangan, Mineralstoffen und Magnesium. Zum Anderen wirken Möhren reinigend, entspannend, entzündungshemmend und antibakteriell. Dazu kommt noch, dass man mit Möhrengrün wunderbare "Smoothies" kreieren kann und sie dadurch eine raffinierte Note bekommen.
- Auch die Zitronenmelisse ist voller gesundheitsfördernden Eigenschaften, die ich dir natürlich nicht vorenthalten möchte. Zu diesem köstlichen Smoothie habe ich die Zitronenmelisse ganz bewusst eingesetzt und bin mit dem Ergebnis mehr als zufrieden. Die Zitronenmelisse ist ein absolutes "Wunder-Kraut", das schleimlösend, beruhigend, entspannend, erfrischend, entzündungshemmend, antibakteriell wirkt. Zudem kommt noch, dass die Melisse bei Erkältung, Schnupfen, Halsschmerzen, Heiserkeit, Husten, Gliederschmerzen, Menstruationsbeschwerden, Gelenkschmerzen, Migräne, Magenverstimmungen und Bauchkrämpfe hilft. Des Weiteren gehört die Zitronenmelisse zu meinen Lieblingen, da sie ein unvergleichliches Aroma mit sich trägt, mein Nervensystem stärkt und somit Alltagsstress, innere Unruhe, Nervosität, Erschöpfung, schlechte Laune und Panikattacken im Nu verschwinden lässt.
- Dieser Vitamin-C-Smoothie ist der Inbegriff von Gesundheit und kann dir in jeglicher Situation helfen. Hier lösen sich Erkältung, Schmerzen und ähnliche Beschwerden in Luft auf. Auch der Ingwer, der in diesem Smoothie enthalten ist, fördert die Gesundheit, stärkt das Immunsystem, reguliert den Kreislauf und den Blutdruck, baut die Abwehrkräfte auf und kurbelt dazu noch den Stoffwechsel an.

13. Das Vitamin-Wunder

Zutaten für 2 - 4 Smoothie Gläser:

- 1 Handvoll Babyspinat
- ½ Banane
- 1 Birne, 1 Apfel, 1 Passionsfrucht
- 1 kleines Stück Ingwer
- 125ml Kokoswasser
- 250 ml kaltes Wasser

Kleiner Tipp:

- Dir ist nicht nach einer säuerlichen Passionsfrucht? Kein Problem, dann lass sie ruhig ganz weg.
- Ich empfehle dir noch 2 EL Kokoscreme hinzuzufügen. So bekommst du eine wundervolle Konsistenz und die Kokoscreme harmoniert toll mit den anderen Zutaten.

Zubereitung:

1. Zuerst Babyspinat gründlich waschen und putzen.
2. Die Banane schälen.
3. Birne und Apfel waschen, entkernen und vierteln.
4. Nun die Passionsfrucht halbieren und das Fruchtfleisch heraus löffeln.
5. Danach den Ingwer schälen, putzen und grob hacken.
6. Anschließend alle Zutaten in einen Smoothie Mixer geben und fein pürieren.
7. Zum Schluss in die Smoothie-Gläser füllen und sofort genießen.

Weitere Tipps und Tricks

- Dieser köstliche Smoothie ist für mich ein absolutes Muss in Sachen Gesundheit. Alle Zutaten, die in dem Smoothie enthalten sind, sind wohltuend und gesundheitsfördernd. Auch die Zubereitung ist alles andere als knifflig. Im Endeffekt musst du alle Zutaten in den Smoothie Mixer geben und nach wenigen Minuten hast du deinen persönlichen „Wunder-Smoothie" gemixt. Noch nie war gesundes und bewusstes Leben so einfach und daran darfst du dich ab sofort gewöhnen.
- Babyspinat ist ein großartiger Energielieferant, der entzündungshemmend, antibakteriell, entschlackend, reinigend, krampflösend und schmerzstillend wirkt. Dazu kommt noch, dass er bei Verdauungsbeschwerden und Bauchschmerzen hilft, den Blutdruck reguliert und den Kreislauf stabilisiert. Zusätzlich hilft er bei Schwindelanfällen, Nervenschwäche und Migräne. Auch ist Spinat reich an Eisen, Vitaminen, Kalzium, Kalium, Magnesium, Ballaststoffen, Mangan, Phosphor und natürlichem Jod.
- Ingwer gehört zu den gesündesten Lebensmittel weltweit und das nicht ohne Grund. Zum Einen hilft er bei jeglichen Beschwerden und wird auch gerne als natürliches Schmerzmittel gewählt. Zum Anderen beschleunigt er die Heilung von Wunden, wirkt antibakteriell, entzündungshemmend, schleimlösend und beruhigend. Des Weiteren solltest du es bei Erkältungen, Virus-Infektionen, grippalen Infekten, Schnupfen, Husten, Heiserkeit, Halsschmerzen, Fieber und Gliederschmerzen anwenden. Aber auch das Immunsystem und die Abwehrkräfte werden durch den Ingwer gestärkt. Gleichzeitig kurbelt er den Stoffwechsel an, fördert die Durchblutung, reguliert die Darmaktivität und sorgt auch für ein besseres Hautbild.

14. The Green Vitamine-Shake

Zutaten für 2 - 4 Smoothie Gläser:

- 5 Blätter Eisbergsalat, 1 Avocado
- 1 Handvoll Babyspinat, 1 Handvoll glatte Petersilie
- 1 Handvoll frische Minze, 1 kleines Stück Ingwer
- 1 Banane, 1 Birne, 300 ml kaltes Wasser

Kleiner Tipp:

- Neben der frischen Minze, empfehle ich dir noch 5 Basilikumblätter hinzuzufügen. Dein Smoothie schmeckt dadurch nicht nur super frisch, auch bekommst du hier noch mehr Vitamine zugeführt.
- Verträgst du die Birne nicht, so nehme eine andere Frucht. Super geeignet sind 1 Avocado, 2 Nektarinen oder ½ Cherimoya-Frucht.

Zubereitung:

1. Zuerst Eisbergsalat waschen und putzen.
2. Nun die Avocado halbieren und das Fruchtfleisch grob würfeln.
3. Anschließen Babyspinat, Petersilie und Minze waschen und putzen.
4. Den Ingwer schälen, putzen und grob hacken. Danach die Bananen schälen und halbieren. Nun die Birne waschen, entkernen und vierteln.
5. In einer Pfanne werden die Pinienkerne ohne Öl oder Butter kurz angeröstet und beiseite gestellt.
6. Anschließend alle Zutaten in einen Smoothie Mixer geben und fein pürieren. Zum Schluss in die Smoothie-Gläser füllen und sofort genießen.

Weitere Tipps und Tricks

- Dieser Smoothie hat es voll in sich und enthält unglaublich viele Zutaten, die alle gesund und wirkungsvoll sind.
- Der Ingwer, der in dem Smoothie enthalten ist, gehört zu den gesündesten Lebensmittel weltweit. Er wird vor allem als natürliches Schmerzmittel verwendet, stärkt das Immunsystem, kurbelt den Stoffwechsel an und hilft bei Erkältung, Schnupfen, Husten, Gliederschmerzen, Heiserkeit und Fieber.
- Der Eisbergsalat wirkt belebend, fördert die Durchblutung und hilft bei Migräne.
- Aber auch die frische Minze hat einiges auf Lager. Zum Einen sorgt sie dafür, dass du einen frischen Atmen erhältst. Zum Anderen hilft Minze ebenfalls bei Erkältung, grippalen Infekten, Bauchschmerzen, Menstruationsbeschwerden, Magenverstimmungen, Magen-Darm-Infektion und ist die Nummer Eins, in Sachen Migräne. Auch wirkt die Minze beruhigend, entzündungshemmend, schleimlösend, krampflösend und schmerzstillend.
- Der Babyspinat ist ein fantastischer Energielieferant und ist reich an Vitaminen, Eisen, Magnesium, Mineralstoffen, Kalzium, Kalium, Phosphor und Mangan. Zudem fördert er die Durchblutung, reguliert den Blutdruck, stärkt den Kreislauf, senkt den Cholesterinspiegel, schützt das Herz und die Gefäße und fördert ebenfalls die Konzentration.
- Ich kann dir diesen wunderbaren und einzigartigen Smoothie wärmstens ans Herz legen. Die Wirkung des Smoothies ist sofort spürbar.

15. Grünes Kraftpaket

Zutaten für 2 - 4 Smoothie Gläser:

- 1 Avocado, 1 Handvoll helle Weintrauben
- 1 Stück Papaya
- 1 Handvoll Babyspinat, 1 Handvoll frische Minze
- 1 Handvoll glatte Petersilie
- 300 ml kaltes Wasser

Kleiner Tipp:

- Peppe deinen Smoothie noch mit einer hellen Drachenfrucht auf. Die Drachenfrucht ist nicht nur äußerst gesund, auch sieht dein Smoothie mit ihr echt cool aus.
- Möchtest du keine Avocado in deinen Smoothie, so kannst du auch eine Banane verwenden. Auch etwas Ananas macht sich sehr gut.

Zubereitung:

1. Zuerst die Avocado halbieren und das Fruchtfleisch grob hacken.
2. Die Weintrauben vom Strunk entfernen, gründlich waschen aber nicht entkernen.
3. Nun die Papaya schälen und würfeln.
4. Anschließend Babyspinat, Minze und Petersilie waschen und putzen.
5. Anschließend alle Zutaten in einen Smoothie Mixer geben und fein pürieren.
6. Zum Schluss in die Smoothie-Gläser füllen und sofort genießen.

Weitere Tipps und Tricks

- Kalte Temperaturen, Regen und stürmischer Wind - So kennt man den Herbst und den Winter. Ich persönlich kann mit solch einem Wetter nicht viel anfangen. Für mich ist es ein Horror bei solchen Temperaturen das Haus zu verlassen. Ebenso beeinflussen die Temperaturen mein Immunsystem und da ich friere zu jeder Tageszeit. Ein wohltuender Smoothie ist somit der perfekte Begleiter, der mir unglaublich gut tut. Ich kann dir diesen leckeren Smoothie nur ans Herz legen, da er gesundheitsfördernde Eigenschaften besitzt.
- Die Avocado ist äußerst gesund und hilft bei Immunschwäche, Schwindelanfällen und Migräne. Dazu kommt noch, dass die Avocado die Durchblutung fördert, gegen Gelenkschmerzen und Menstruationsbeschwerden hilft. Zudem ist die Avocado gut für meine Haut, da sie diese mit reichlich Feuchtigkeit beliefert.
- Die frische Minze ist ebenfalls besonders wohltuend. Bei Erkältung, Halsschmerzen, Heiserkeit, Husten, Gliederschmerzen, Migräne und Fieber, kann die frische Minze Wunder bewirken. In einem Smoothie schmeckt die Minze besonders gut und verleiht dem Ganzen eine belebende Note. So bekomme ich meine Migräne gut in den Griff - toll, oder?
- Die Papaya ist eine grandiose Vitaminbombe, da sie dreimal mehr Vitamin C enthält wie eine Orange. Ebenfalls stärkt sie das Immunsystem, kurbelt den Stoffwechsel an, fördert die Durchblutung, schützt das Herz und die Gefäße und hilft auch bei innerer Unruhe, Nervosität und Panikattacken.
- Für mich gehört dieser Smoothie zu meinen absoluten Favoriten und egal wann ich auf ihn Lust habe, ich trinke und genieße ihn. Die Zubereitung ist kinderleicht. Diesen Smoothe kann ich dir daher nur wärmstens weiterempfehlen.

16. Beeriger Energie-Punsch

Zutaten für 2 - 4 Smoothie Gläser:

- 1 Stück Ananas
- 1 Passionsfrucht
- 1 Handvoll frische Himbeeren
- 1 Tasse TK-Johannisbeeren
- 1 Handvoll frische Minze
- 200 ml kaltes Wasser
- 100 ml Kokoswasser

Kleiner Tipp:

- Statt frische Beeren kannst du natürlich auch tiefgekühlte Beeren verwenden.
- Wähle noch etwas Naturjoghurt. So bekommst du eine tolle Konsistenz und dein Smoothie schmeckt leicht und bekömmlich. Hierfür verwendest du 5 - 7 EL.

Zubereitung:

1. Als Erstes die Ananas schälen und würfeln.
2. Die Passionsfrucht halbieren und das Fruchtfleisch heraus löffeln.
3. Nun die frischen Himbeeren verlesen und waschen.
4. Anschließend die frische Minze waschen, trocken tupfen und fein hacken.
5. Danach alle Zutaten in einen Smoothie Mixer geben und fein pürieren.
6. Zum Schluss in die Smoothie-Gläser füllen und sofort genießen.

Weitere Tipps und Tricks

- Ich kann dir diesen Smoothie nur empfehlen. Er ist wohltuend, wirkungsvoll, gesundheitsfördernd und bereitet auch noch gute Laune. Auch in der Zubereitung ist dieser Smoothie enorm unkompliziert. Hier werden die Zutaten einfach in den Smoothie Maker gegeben und fein püriert - Thats it! Lehn dich zurück, entspann dich und genieß die wunderbaren Zutaten des leckeren Smoothies.
- Zum Einen besitzt die Ananas viel Vitamin C, stärkt meine Abwehrkräfte, baut mein Immunsystem auf und kurbelt dazu noch den Stoffwechsel an. Zum Anderen hilft die Ananas bei Verdauungsproblemen, Verstopfungen, Blähungen und Bauchschmerzen.
- Die Passionsfrucht enthält ebenfalls unglaublich viel Vitamin C, stärkt den Körper und hilft bei Magenverstimmungen. Auch wirkt die Passionsfrucht entgiftend, entschlackend, entzündungshemmend, antibakteriell, schleimlösend und schmerzstillend. Gleichzeitig sorgt sie für gute Laune.
- Johannisbeeren und Himbeeren sind ebenfalls gesund. Sie reinigen das Blut, fördern die Durchblutung und helfen auch bei Blähungen, Bauchschmerzen, Verstopfungen und Magenverstimmungen. Außerdem helfen die Beeren bei Kopfschmerzen, Mandelentzündung, Magen-Darm-Infektion, Erkältung, Schnupfen, Husten, Halsschmerzen, Heiserkeit, Fieber und Gliederschmerzen.
- Kokoswasser hat ebenfalls Einiges zu bieten und kann dein Leben auf gesunde Art und Weise beeinflussen. Es stärkt das Immunsystem, senkt den Cholesterinspiegel, wirkt entgiftend, entschlackend, antibakteriell, schweißvertreibend und beruhigend. Auch kann Kokoswasser die Nerven stärken, hilft bei Alltagsstress, Panikattacken, Erschöpfung und Nervosität. Ebenso werden Depressionen gelindert und innere Unruhe gestillt. Aber auch das Heilen von Wunden wird durch Kokoswasser beschleunigt und gegen Gelenk- und Muskelschmerzen hilft es ebenfalls.

17. Energiegeladener Vitamin-Smoothie

Zutaten für 2 - 4 Smoothie Gläser:

- 3 getrocknete Aprikosen
- 1 Birne
- 1 Karotte, 1 Banane, 1 Handvoll Himbeeren
- 2 Passionsfrüchte
- 300 ml kaltes Wasser

Kleiner Tipp:

- Alternativ zu den getrockneten Aprikosen kannst du auch andere Trockenfrüchte verwenden. Pflaumen, Feigen, Bananen oder Rosinen sind lecker und gesund.
- Verwende zusätzlich noch eine Handvoll Babyspinat. So erhältst du einen zusätzlichen Vitamin-C-Kick.

Zubereitung:

1. Zuerst die Aprikosen hacken.
2. Die Birne waschen, entkernen und vierteln.
3. Nun die Karotte waschen, putzen und in Stücke schneiden.
4. Anschließend die Banane schälen und halbieren.
5. Danach die Passionsfrüchte halbieren und das Fruchtfleisch heraus löffeln.
6. Die Himbeeren verlesen und waschen. Danach alle Zutaten in einen Smoothie Mixer geben und fein pürieren.
7. Zum Schluss in die Smoothie-Gläser füllen und sofort genießen.

Weitere Tipps und Tricks

- Besitzt du einen Smoothie Maker, so sind dir unzählige Möglichkeiten offen, wie du dein Leben gesund gestalten kannst. Der Smoothie Maker hilft dir gesund und fit zu bleiben.
- Die Karotte, die in dem Smoothie enthalten ist, ist reich an Vitaminen, Zink, Eisen, Magnesium, Mineralstoffe, Kalzium, Mangan und Beta-Carotin. Des Weiteren schützen Karotten die Haut vor UV-Strahlen, unterstützen das Haarwachstum, helfen Augenentzündungen zu lindern und verbessern die Sehfähigkeit. Zudem stärken Karotten die Abwehrkräfte, schützen das Herz und die Gefäße.
- Birnen sind ebenfalls äußerst gesund, stärken das Immunsystem und kurbeln den Stoffwechsel an. Außerdem helfen Birnen bei Durchfall, Blähungen, Magenverstimmung Bauchschmerzen, Migräne, Kopf-schmerzen, Menstruationsbeschwerden und Gelenkschmerzen.
- Passionsfrüchte sind reich an Vitamin C, Vitamin B, Vitamin B6, Vitamin B12, Vitamin A und Vitamin K. Sie helfen bei Regelschmerzen, Nervenschwäche, Schwindelanfällen und beschleunigen das Heilen von Wunden. Des Weiteren besitzen sie einen fruchtigen und exotischen Geschmack, vermitteln gute Laune, helfen bei Erschöpfung und Müdigkeit. Auch wirken Passionsfrüchte entzündungshemmend, antibakteriell, belebend, schweiß-vertreibend, krampflösend und schmerzstillend.
- Wenn du dir die einzelnen Zutaten genauer anschaust kannst du erkennen, dass sie alle unglaublich gesund sind. Sie helfen eigentlich bei allen Beschwerden und sind dazu noch absolute Fettkiller. Somit ist dieser Smoothie nicht nur gesundheitsfördernd, er unterstützt dich auch beim Abnehmen. Ein Grund mehr, diesen Smoothie auszuprobieren und zu genießen.

18. Vitaminreicher Wunder-Smoothie

Zutaten für 2 - 4 Smoothie Gläser:

- 100 g frische Himbeeren
- 1 Feige, 3 Datteln
- 1 Handvoll Baby-Spinat, 1 klitzekleines Stück Ingwer
- 1 Banane, 1 Apfel, 1 Handvoll frische Minze
- 5 EL Naturjoghurt
- 125 ml Mandelmilch, 200 ml kaltes Wasser

Kleiner Tipp:

- Ersetze die Feige nach Belieben durch Trockenfrüchte. Aber auch eine Birne passt hier sehr gut dazu.
- Ingwer kannst du natürlich auch ganz weglassen.
- Möchtest du die vegane Variante ausprobieren, so wähle Lupinenjoghurt, statt normalen Naturjoghurt.

Zubereitung:

1. Als Erstes die Himbeeren verlesen und waschen.
2. Die Feige putzen und hacken.
3. Spinat und Minze waschen und putzen.
4. Anschließend den Ingwer schälen, putzen und grob hacken.
5. Die Datteln putzen, entkernen und grob hacken.
6. Nun die Banane schälen und halbieren.
7. Den Apfel waschen, entkernen und vierteln.
8. Danach alle Zutaten in einen Smoothie Mixer geben und fein pürieren.
9. Zum Schluss in die Smoothie-Gläser füllen und sofort genießen.

Weitere Tipps und Tricks

- Dieser Smoothie bringt eine orientalische Note mit sich. Auch ist er in den kalten Jahreszeiten sehr gut geeignet, da er den Körper fit hält, ihn von innen wärmt und ihn kräftigt.
- Datteln sind unglaubliche Energielieferanten. Sie wirken sättigend und schmecken fantastisch. Zudem regulieren Datteln den Blutdruck, stärken den Kreislauf, helfen bei Verdauungsproblemen, Verstopfungen, Durchfall, Blähungen, Bauchschmerzen und Magen-Darm-Infektionen. Gleichzeitig helfen Datteln bei Migräne, Kopfschmerzen, Übelkeit und Erbrechen.
- Jogurt ist sehr bekömmlich, hilft ebenfalls bei Verdauungsproblemen, Verstopfungen, Bauchschmerzen, Magenverstimmung, Blähungen und Sodbrennen. Des Weiteren wirkt Joghurt entzündungshemmend, antibakteriell, schleim- und krampflösend, entgiftend und schmerzstillend.
- Auch die frische Minze besitzt schonende Eigenschaften, die ich dir nicht vorenthalten möchte. Frische Minze hilft bei Mundgeruch, Zahnfleischentzündung, Magen- und Kopfschmerzen, Migräne, Bauchkrämpfe, Schwindelanfälle und Menstruationsbeschwerden. Ebenso hilft die frische Minze bei Erkältung, Schnupfen, Husten, Gliederschmerzen, Fieber, Heiserkeit, Halsschmerzen, Erschöpfung und innere Unruhe. Da die frische Minze eine beruhigende Wirkung besitzt hilft sie bei Angst- und Panikattacken, Alltagsstress, und Nervosität. Gleichzeitig wirkt sie belebend und hebt die Laune. Für mich ist dieser Smoothie ein Wunder bei Erkältung, grippalen Infekt und Virus-Infektion. Er lindert Beschwerden, macht mich wieder fit und besitzt viele Vitamine.
- Vor allem an kalten Tagen kann mir dieser Smoothie sehr behilflich sein. Er wärmt mich von innen und hilft mir, wenn ich mich kaum konzentrieren kann. Ein wohltuender Smoothie, der mir den verdienten Feierabend versüßt.

19. Sonniger Aufputsch-Smoothie

Zutaten für 2 - 4 Smoothie Gläser:

- 2 Kaki-Früchte, 3 Limetten
- 1 Handvoll frische Heidelbeeren
- 1 kleines Bund frische Minze
- 1 BIO-Zitrone, 1 Blutorange, 1 Banane
- 300 ml kaltes Wasser

Kleiner Tipp:

- Ersetze die frische Minze durch Zitronenmelisse. Hier bekommst du einen zusätzlichen "Frischekick".
- Auch weitere Beeren wie Himbeeren oder Brombeeren machen sich gut in diesen Smoothie. Nach Belieben kannst du auch TK-Beeren nehmen. Dazu empfehle ich dir 5 EL Naturjoghurt und/oder einen Schuss Milch.

Zubereitung:

1. Zuerst die Kaki-Früchte schälen, waschen und grob hacken.
2. Anschließend die Heidelbeeren verlesen und waschen.
3. Danach die frische Minze waschen und putzen.
4. Limetten und Zitrone schälen, entkernen und in grobe Stücke schneiden.
5. Danach die Blutorange schälen, entkernen und grob hacken.
6. Die Bananen schälen und halbieren.
7. Anschließend alle Zutaten in einen Smoothie Mixer geben und fein pürieren.
8. Zum Schluss in die Smoothie-Gläser füllen und sofort genießen.

Weitere Tipps und Tricks

- Willst du dich fit und vital fühlen, dann ist dieser Smoothie der Richtige für dich. Er ist unglaublich lecker, hält dich besonders fit und besitzt wirkungsvolle Eigenschaften.
- Die Blutorange, die in dem Smoothie enthalten ist, wirkt entzündungshemmend, belebend, antibakteriell, schleimlösend und schmerzstillend. Zudem wird dein Stoffwechsel angekurbelt, das Immunsystem aufgebaut und die Abwehrkräfte gestärkt. Die Blutorange kann aber noch viel mehr - Sie senkt den Cholesterinspiegel, hilft bei Magenschmerzen, Schnupfen, Husten, Fieber, Gliederschmerzen, Erschöpfung und Antriebslosigkeit.
- Die Limette und auch die Zitrone enthalten unglaublich viel Vitamin C, stärken die Abwehrkräfte und das Immunsystem. Bei Erkältung, grippalen Infekten, Virus-Infektion und Müdigkeit können dir Zitronen und Limetten ebenfalls helfen. Tue dir was Gutes und probiere diesen köstlichen und raffinierten Smoothie aus. Seine Zutaten sind sehr bekömmlich, schonend für den Magen und sehr belebend.
- In der Zubereitung ist er ebenfalls sehr einfach und das macht ihn so sympathisch. Falls du an Halsschmerzen, Heiserkeit und Husten leidest, kannst du auch etwas Honig hinzufügen. Hier werden auch die Muskeln entspannt und du fühlst dich gleich viel besser.

20. Kraftprotz-Smoothie

Zutaten für 2 - 4 Smoothie Gläser:

- 5 Kumquats-Früchte (Alternativ auch 3 Saftorangen)
- 250 ml Salbeitee
- 1 Handvoll Babyspinat
- 1 Handvoll frische Minze
- 1 Handvoll glatte Petersilie

Kleiner Tipp:

- Salbeitee ist zwar wohltuend und gesund, aber nicht jeder mag den herben Geschmack. Du kannst auch gern Wasser statt Tee verwenden. Und wenn du auf Tee nicht verzichten möchtest, wähle Pfefferminztee oder grünen Tee. Früchtetee ist auch eine herrliche Alternative.

Zubereitung:

1. Zuerst den frischen Salbeitee aufgekochen und komplett abkühlen lassen.
2. In der Zwischenzeit die Kumquats-Früchte schälen, entkernen und grob hacken.
3. Den Spinat gründlich waschen und putzen.
4. Nun die frische Minze und die glatte Petersilie waschen und putzen.
5. Anschließend alle Zutaten in einen Smoothie Mixer geben und fein pürieren.
6. Zum Schluss in die Smoothie Gläser füllen und sofort genießen.

Weitere Tipps und Tricks

- Die Kumquats ist eine sehr wohltuende und belebende Frucht. Die sogenannte Zwergorange ist reich an Vitamin C, Vitamin B, Vitamin B6, Vitamin B12, Zink, Eisen, Kalium, Kalzium, Magnesium und Phosphor. Sie stärkt das Immunsystem, baut die Abwehrkräfte auf und kurbelt den Stoffwechsel an. Aber auch bei Erkältung, grippalen Infekten, Virus-Infektion, Schnupfen, Fieber, Gliederschmerzen und Erschöpfung kann die Kumquats-Frucht sehr hilfreich sein.
- Salbeitee ist sehr wohltuend und wirkt entzündungshemmend, antibakteriell, schleimlösend, schmerzstillend, entgiftend, belebend und krampflösend. Gleichzeitig hilft Salbei hervorragend bei Halsschmerzen, Heiserkeit, Husten und Gliederschmerzen. Er wärmt den Körper von innen, stärkt die Muskulatur, hilft bei Verdauungsproblemen, Verstopfungen, Blähungen, Durchfall, Bauchschmerzen und Magenverstimmung.
- Der Smoothie sorgt dafür, dass das Magen-Darm-System reguliert wird, die Darmaktivität und die Darmflora gestärkt wird. Zudem beugt der Smoothie Magen-Darm-Beschwerden, Nierenerkrankungen, Rheuma, Gicht, Parkinson, Alzheimer und Herz-Kreislauf-Erkrankungen vor.
- Falls du noch mehr Vitamin C benötigst, kannst du auch eine Orange mit reinschmuggeln.
- Minze hilft bei Erkältung, Halsschmerzen, Husten, Heiserkeit, Fieber und Gliederschmerzen. Dazu kommt noch, dass Minze gegen Mundgeruch, Migräne und Kopfschmerzen hilft, die Durchblutung fördert und das Blut reinigt. Auch hilft Minze bei Gelenk- und Rückenschmerzen, Nierenerkrankung, Blasenentzündung, Magenverstimmung, Bauchkrämpfen, Mandelentzündung, Nervenschwäche, Durchfall, Übelkeit, Erbrechen und Konzentrationsschwäche. Sie wirkt antibakteriell, entzündungshemmend, schweißvertreibend, krampflösend, schmerzstillend, beruhigend, wohltuend, entgiftend und entschlacken.

Detox Smoothies zum Entgiften und Reinigen

Den Körper zu entgiften und zu reinigen ist eine wundervolle und sehr wichtige Angelegenheit. Vor allem ist dies ein sehr essenzielle Prozedur, die dich bei deinem neuen Ziel unterstützt. Durch das Reinigen und Entgiften, kannst du neue Lebensenergie erzielen und du fühlst dich einfach blendend. Ein wichtiger Schritt, damit du nicht nur glücklich und gesund wirst, sondern auch bleibst.
Ich liebe Detox Smoothies, da sie mich mit wichtigen Nährstoffen versorgt. Detox Smoothies haben leider keinen besonderen Ruf, da sie angeblich unappetitlich schmecken. Doch ich kann dir eins sagen - Das stimmt überhaupt nicht! Meine Detox Smoothie Rezepte sind nicht nur äußerst gesund und vital, auch schmecken sie fantastisch. Spüre somit die positiven Eigenschaften der Zutaten und säubere deinen Körper vollkommen - Du wirst schnell erkennen und spüren, dass es eine fantastische Sache ist.

Viel Spaß bei der Zubereitung!

1. The Red Detox Smoothie

Zutaten für 2 - 4 Smoothie Gläser:

- 2 rote Äpfel
- 2 Kiwis
- 1 Handvoll Babyspinat
- 300 ml Früchtetee deiner Wahl

Kleiner Tipp:

- Du kannst den Früchtetee auch gegen Kokoswasser ersetzen. Kokoswasser wirkt wie Früchtetee ebenfalls stark entgiftend und entschlackend.
- Möchtest du noch mehr Frucht hinzufügen, so wähle Himbeeren. Diese Beerensorte fördert zusätzlich die Durchblutung und reinigt deinen Körper.

Zubereitung:

1. Als Erstes den Früchtetee frisch aufkochen und kalt stellen.
2. Die Äpfel waschen, entkernen und in Stücke schneiden.
3. Den Babyspinat gründlich waschen und putzen.
4. Anschließend die Kiwis schälen und vierteln.
5. Alle Zutaten in einen Smoothie Mixer geben und fein pürieren.
6. Zum Schluss in die Gläser füllen und servieren.

Weitere Tipps und Tricks

- Manchmal brauche ich eine fruchtige Note, damit ich gute Laune bekomme. Geht es dir genauso? Dann habe ich für dich das perfekte Smoothie-Rezept. Dieser Apfel-Kiwi-Smoothie mit Früchtetee ist ein fruchtiger Begleiter. Er schmeckt unglaublich gut, besitzt wirkungsvolle Eigenschaften und ist sehr schnell in der Zubereitung.
- Früchtetee ist generell sehr gesund und daher ist es egal, welchen du wählst. Hier kannst du deinen Lieblings-Früchtetee verwenden, den du besonders gerne trinkst - optimal wäre es, wenn du frischen und losen Tee nimmst. Der liebliche Tee wirkt entzündungshemmend, durchblutungsfördernd und antibakteriell. Zudem hilft Früchtetee bei Sodbrennen, Durchfall, Kopfschmerzen, Migräne und Schwindelanfällen. Gleichzeitig wird dein Immunsystem gestärkt und Kreislaufprobleme vorgebeugt.
- In Kombination mit den leckeren Kiwis ist dieser Smoothie ein wahres Wunder- und Heilmittel. Kiwis wirken stark entgiftend, sättigend, entschlackend, stressreduzierend und antioxidantisch. Zusätzlich bekommst du durch die Kiwis einen Extra-Schub an Vitamin C geschenkt. Leidest du an Diabetes, dann solltest du öfters zur Kiwi greifen. Darüber hinaus hilft die Kiwi bei Nervosität, innerer Unruhe und lindert Panikattacken und Angstzustände.

2. Gesunder Entgiftungs-Smoothie

Zutaten für 2 - 4 Smoothie Gläser:

- 2 rote Äpfel
- 1 Banane
- 1 Handvoll Feldsalat
- 300 ml Kamillentee

Kleiner Tipp:

- Gib zusätzlich noch etwas Babyspinat und frische Minze dazu. So kannst du deinen Körper noch wirkungsvoller entgiften.
- Ich empfehle dir 2 Teelöffel Kokosöl unterzumischen. So bist du noch vitaler und kannst gestärkt den Tag überstehen.

Zubereitung:

1. Den Kamillentee erstmal frisch aufkochen und erkalten lassen.
2. In der Zwischenzeit die Banane schälen und halbieren.
3. Nun die Äpfel waschen, entkernen und in Stücke schneiden.
4. Den Feldsalat waschen und gründlich putzen.
5. Alle Zutaten in einen Smoothie Mixer geben und fein pürieren.
6. Zum Schluss in die Gläser füllen und sofort genießen.

Weitere Tipps und Tricks

- Ein weiteres Smoothie-Rezept das ich dir nicht vorenthalten möchte ist der Feldsalat-Apfel-Smoothie mit Kamillentee. Er schmeckt unglaublich gut, stärkt deinen Körper und ist in wenigen Minuten zubereitet. Ich trinke ihn besonders gern, wenn ich erkältet bin oder entschlacken möchte. Auch hier empfehle ich dir losen Tee zu verwenden!
- Kamillentee ist wohl der bekannteste Heilkräutertee den es gibt. Sein leichter und milder Geschmack macht ihn sehr sympathisch und die Wirkung, die er uns vermitteln kann, ist grandios. Zum Einen wirkt Kamillentee entzündungshemmend, entblähend, darmreinigend, antibakteriell, entspannend und beruhigend. Zum Anderen hilft die Kamille bei Halsschmerzen, Heiserkeit, Husten, Schnupfen, Fieber und Infektionen. Gleichzeitig solltest du Kamillentee trinken, wenn du an Magen-Darm-Beschwerden, Bauchschmerzen, Magenkrämpfe, Blähungen, Reizdarm, Oberbauchschmerzen, Sodbrennen, Übelkeit oder Unwohlsein leidest. Frauen, die an starken Menstruationsbeschwerden leiden, sollten auch den Kamillentee wählen. Er wirkt krampflösend und schmerzstillend.
- Damit du auch das Maximum an Gesundheit bekommst, habe ich noch rote Äpfel hinzugefügt. Mit den roten Äpfeln bekommst du zusätzlich eine fruchtige Note, die gute Laune transportiert. Aber auch Äpfel haben unfassbar tolle Eigenschaften, die dein Körper als positiv vermerken wird.

3. Grüner Entschlackungs-Smoothie

Zutaten für 2 - 4 Smoothie Gläser:

- 200 g Feldsalat
- 1 Handvoll Rucola
- 1 Banane
- 2 rote Äpfel
- 1 Birne
- Etwas frische Minze
- 300 ml kaltes Wasser

Kleiner Tipp:

- Um deinen Körper noch effektiver zu entschlacken, verwende noch zusätzlich ein kleines Stück Ingwer. Auch ein Teelöffel Kokosöl kann ich dir wärmstens empfehlen.
- Bist du kein Fan von Rucola, so verwende Eisbergsalat oder Babyspinat.

Zubereitung:

1. Zuerst Feldsalat und Rucola waschen und gründlich putzen.
2. Anschließend die Banane schälen und halbieren.
3. Äpfel und Birne waschen, entkernen und in Würfel schneiden.
4. Nun die frische Minze und waschen.
5. Alle Zutaten in einen Smoothie Mixer geben und fein pürieren.
6. Zum Schluss in die Gläser füllen und sofort genießen.

Weitere Tipps und Tricks

- Der himmlische Feldsalat-Bananen-Smoothie mit Apfel ist das perfektes Getränk, wenn du entschlacken und entgiften möchtest. Er hilft dir bei vielen Beschwerden, lindert diverse Symptome und schmeckt fantastisch. Eine geniale Kombination die ihn von der Masse hebt. Das Schöne daran ist auch, dass er leicht in der Zubereitung ist - Was möchte man mehr, oder?
- Kommen wir aber mal zu den Zutaten. Die haben wirklich einiges auf Lager und das ist der Grund, wieso ich diesen Smoothie so gern trinke. Rucola besitzt eine würzige und raffinierte Note und schmeckt in diesem Smoothie besonders gut. Der gesunde Salat schützt das Herz, reguliert das Herz-Kreislauf-System und kann Herzerkrankungen vorbeugen. Gleichzeitig ist Rucola reich an Vitamin A, Vitamin K, Vitamin C, Kalium, Mineralstoffen, Spurenelementen, Phosphor, Natrium und Kalzium. Zudem hilft Rucola bei Verdauungsproblemen, Magen-Darm-Beschwerden, Völlegefühl, Bauchschmerzen und Magenkrämpfen.
- Die frische Minze, die ich hier ebenfalls verwende, besitzt auch gesundheitsfördernde Eigenschaften. Frische Minze hebt die Laune, hilft bei Mundgeruch, stärkt das Zahnfleisch und die Zähne. Des Weiteren ist sie ein grandioser Gegner, wenn es um Kopfschmerzen und Migräne geht. Ich persönlich leide seit Jahren darunter und kann es dir nur ans Herz legen. Die frische Minze hilft mir aber auch bei Menstruationsschmerzen, Bauchschmerzen, Völlegefühl, lindert den lästigen Reizdarm, wirkt schmerzlindernd, krampflösend, beruhigend und entgiftend.

4. Feiner Wellness-Smoothie für die Seele

Zutaten für 2 - 4 Smoothie Gläser:

- 50 g Babyspinat
- 1 Banane
- 1 grüner Apfel
- 300 ml Kokoswasser

Kleiner Tipp:

- Füge noch 5 EL Naturjoghurt hinzu. So erhältst du einen bekömmlichen Smoothie, der für eine tolle Entgiftung sorgt.
- Zusätzlich kannst du auch einige Basilikumblätter wählen. Die Blätter sorgen dafür, dass du dich gut und gesund fühlst. Auch regulieren sie dein Magen-Darm-System.

Zubereitung:

1. Zuerst Babyspinat waschen und gründlich putzen.
2. Die Banane schälen und halbieren.
3. Anschließend den grünen Apfel waschen, entkernen und vierteln.
4. Alle Zutaten in einen Smoothie Mixer geben und fein pürieren.
5. Zum Schluss in die Gläser füllen und sofort genießen.

Weitere Tipps und Tricks

- Sicherlich hast du dich schon einmal gefragt, ob Smoothies wirklich wohltuend und gesund sind. Ich kann dir diese Frage, mit einem einzigen Wort beantworten - JA! Smoothies sind genial, lecker, wirkungsvoll und äußerst gesund. Jeder Smoothie besteht nur aus gesundheitsfördernden Eigenschaften, die dich fit und vital halten. Dieser Smoothie gehört ebenfalls dazu und ist wirklich ein Schmuckstück. Nun möchte ich dir die Eigenschaften der einzelnen Zutaten noch ein wenig näherbringen.
- Es gibt mehrere Gründe, wieso du Kokoswasser oder Kokosöl wählen solltest. Zum Einen ist die Kokosnuss ein genialer "Fat-Burner." Du kannst mit Kokos unglaublich gut Fett verbrennen, deinen Körper reinigen und entgiften. Zum Anderen hilft Kokoswasser bei Haarausfall, Schuppen, trockener Haut und beschleunigt das Heilen von Wunden. Gleichzeitig kannst du mit dem Superfood, deine Leistungsfähigkeit verstärken, dein Herz wird geschützt und die Durchblutung gefördert. Auch wirkt Kokos sättigend, entgiftend, entschlackend, antibakteriell, entzündungs-hemmend, darmreinigend und krampflösend.
- In Kombination mit Babyspinat und dem Apfel ist dieser Smoothie der absolute Wahnsinn. Ich trinke ihn zu jeder Jahreszeit und fühle mich besonders stark, fit und vital.
- Bist du kein großer Fan von Kokoswasser, so kannst du 150 ml Wasser und 150 ml Kokoswasser verwenden. Somit ist der Geschmack etwas leichter. Leidest du eventuell an Nervenschwäche, innerer Unruhe, Panikattacken oder Angstzuständen - Dann solltest du ebenfalls diesen Smoothie trinken. Er lindert Beschwerden und hilft dir, dein inneres Gleichgewicht zu finden.

5. Der entzündungshemmende Super-Entgifter

Zutaten für 2 - 4 Gläser:

- Saft aus 5 Orangen
- 2 TL Kokosöl
- 2 Bananen
- Etwas frische Minze
- 150 ml Kokosmilch
- 150 ml kaltes Wasser

Kleiner Tipp:

- Bist du gegen Orangen allergisch, so kannst du sie entspannt durch Zitronen oder Limetten ersetzen. Auch Grapefruits sind eine wunderbare Alternative.
- Falls du keine Lust auf Kokosmilch hast, dann empfehle ich dir hierfür Kokoswasser. Dieser wird 1:1 ersetzt.

Zubereitung:

1. Zunächst die frische Minze waschen.
2. Nun die Bananen schälen und halbieren.
3. Alle Zutaten in einen Smoothie Mixer geben und fein pürieren.
4. Zum Schluss in die Smoothie-Gläser füllen und sofort servieren.

Weitere Tipps und Tricks

- Habe ich dir eigentlich schon erzählt, dass gewisse Smoothies die Fettverbrennung ankurbeln können? Nein? Dann musst du jetzt umso besser aufpassen. Die Rezepte, die ich dir vorstelle, sind für dich besonders wertvoll. Sie sind gesund, halten dich vital und verschaffen dir mehr Lebensqualität. Der Kokos-Orangen-Smoothie gehört zu meiner kostbaren Sammlung, die ich für dich zusammengestellt habe.
- Die Orange ist bekannt dafür, dass sie einen hohen Vitamin-C-Gehalt besitzt. Aber sie kann noch mehr. Zusätzlich ist sie reich an Vitamin A, Vitamin B, Kalzium, Kalium, Phosphor, Zink und Eisen. Sie wirkt antioxidantisch, entgiftend, entzündungshemmend, krampflösend und entschlackend. Des Weiteren reinigt sie Darm, Niere, Leber und zieht schädliche Giftstoffe aus deinem Körper heraus. Auch ist bewiesen, dass sie eine antidepressive Wirkung besitzt. Somit lindert sie Depressionen, Angstzustände, Panikattacken, Aggressivität und innere Unruhe.
- Das begehrte Kokosöl kann aber auch einiges vorweisen. Für mich ist Kokosöl ein wahres Wundermittel und hilft mir bei jeglichen Beschwerden. Zum Einen hilft Kokosöl bei Verdauungsproblemen, Blähungen, Verstopfungen, Magen-Darm-Beschwerden und Reizdarm. Zum Anderen wirkt Kokosöl stark entgiftend, entschlackend, schweißtreibend und darmreinigend.

6. Kleiner Detox-Smoothie

Zutaten für 2 - 4 Smoothie Gläser:

- 2 Mangos
- 1 Birne (optional)
- 1 Handvoll Rucola
- 1 Handvoll Babyspinat oder Feldsalat
- 1 Passionsfrucht
- 300 ml kaltes Wasser

Kleiner Tipp:

- Schonmal was von der Nashi-Birne gehört? Diese Frucht stammt aus Japan und schmeckt unglaublich lecker. Du kannst sie auch als Alternative zur "normalen" Birne nehmen.
- Für eine weitere und exotische Note empfehle ich dir Kokoswasser. Hierfür verwendest du 300 Milliliter Kokoswasser und lässt das normale Wasser dann weg.

Zubereitung:

1. Als Erstes die Mangos schälen und das Fruchtfleisch vom Kern schneiden.
2. Die Birne waschen, entkernen und vierteln.
3. Rucola und Babyspinat waschen und gründlich putzen.
4. Nun die Passionsfrucht halbieren und das Fruchtfleisch heraus löffeln.
5. Anschließend alle Zutaten in einen Smoothie Mixer geben und fein pürieren.
6. Zum Schluss in die Smoothie-Gläser füllen und sofort genießen.

Weitere Tipps und Tricks

- Es gibt unzählige Smoothie-Rezepte, die ich dir nicht vorenthalten möchte. Jedes Getränk hat seine eigene Wirkungsweise, die deinen Körper fit und gesund hält. Egal ob Frühstücks-Smoothies, Superfood-Smoothies oder Früchte-Smoothies - Sie sind gesund, wirkungsvoll und schmecken ziemlich lecker. Ich möchte dir aber die bekannten Detox Smoothies etwas näher bringen, da sie äußerst gesund sind. Sie wirken stark entgiftend und kurbeln die Fettverbrennung an. Ein idealer Begleiter, damit du gesünder leben kannst.
- Der Mango-Rucola-Smoothie mit Passionsfrucht ist einzigartig in seiner Zusammenstellung. Er besitzt eine fruchtige und spritzige Note, die schlechte Laune sofort bekämpft. Zudem enthält der Smoothie wichtige Nährstoffe und Vitamine.
- Rucola wird leider oft unterschätzt und nur als "Salat" angesehen. Dabei besitzt das Gemüse gesundheitsfördernde Eigenschaften, von denen du wissen solltest. Rucola ist reich an Vitamin A, Vitamin B, Vitamin K, Vitamin C, Kalzium, Kalium, Eisen, Mangan und Phosphor. Zudem kann Rucola Herz-Kreislauf-Erkrankungen vorbeugen, hilft bei Immunschwäche, kurbelt den Stoffwechsel an, schützt das Herz und die Gefäße.
- Damit du eine ultimative Ladung an Vitaminen bekommst, habe ich noch den Feldsalat hinzugefügt. Er wirkt stark entgiftend, entschlackend, durchblutungsfördernd, antioxidantisch, belebend und entzündungshemmend. Gleichzeitig kurbelt er die Fettverbrennung enorm an, fördert die Durchblutung und stärkt die Abwehrkräfte.

7. Power-Clean-Smoothie

Zutaten für 2 - 4 Smoothie Gläser:

- 4 Blätter Löwenzahn
- 2 Avocados
- 1 Handvoll Feldsalat
- 1 Birne
- 300 ml kaltes Wasser

Kleiner Tipp:

- Löwenzahn ist ein toller Begleiter in Sachen Entgiftung. Hast du keinen Löwenzahn gefunden oder bist du kein Fan von dem Geschmack, so verwende hierfür Babyspinat oder Rucola.
- Zusätzlich füge noch 2 EL Kokosöl hinzu - So kannst du deinen Körper noch zusätzlich stärken und reinigen.

Zubereitung:

1. Löwenzahn und Feldsalat gründlich waschen und putzen.
2. Nun die Avocados entkernen und das Fruchtfleisch grob hacken.
3. Anschließend die Birne waschen, entkernen und vierteln.
4. Alle Zutaten in einen Smoothie Mixer geben und fein pürieren.
5. Zum Schluss in die Smoothie-Gläser füllen und sofort genießen.

Weitere Tipps und Tricks

- Entgiftung ist eine grandiose Lösung, um schädliche Giftstoffe aus deinem Körper zu entfernen. Ich habe mich intensiv mit Detox, Entgiftung und guter Ernährung befasst und muss dir sagen - Es ist fantastisch. Mich hat die Umstellung positiv geprägt und ich bin froh, dass ich das durchgezogen habe. Smoothies haben mir dabei gut geholfen und nun möchte dir meine Lieblingsrezepte vorstellen.
- Der Löwenzahn-Avocado-Smoothie ist ein wahres Naturtalent in Sachen "Entgiftung" und dazu schmeckt er noch sehr lecker. Er besitzt wunderbare Eigenschaften, wirkt stark entgiftend und entschlackend. Somit kannst du deine Fettverbrennung ankurbeln und gleichzeitig deine Giftstoffe loswerden.
- Für diesen köstlichen Smoothie habe ich Löwenzahn verwendet. Löwenzahn gehört zu den sogenannten "Superfoods" und das nicht ohne Grund. Löwenzahn ist ein geniales Aufbau-Tonikum, stärkt dein Immunsystem und kurbelt den Stoffwechsel an. Zudem hilft er bei Verdauungsstörungen, Blähungen, Reizdarm, Reizmagen, Blasenentzündung, Oberbauchschmerzen, Unwohlsein, Völlegefühl und Verstopfungen. Aber auch der Entgiftungsprozess kann durch Löwenzahn aktiviert werden. Deine Leber und Niere werden gereinigt und das kann deine Lebensqualität stark erhöhen.
- Die Avocado, die ich hier auch verwendet habe, gibt dem Ganzen eine milde und cremige Note. Aber auch gesunde Eigenschaften kann die Avocado vorweisen. Avocados wirken stark sättigend und können Heißhungerattacken sofort stoppen. Auch hilft es dir, wenn du einige Kilos verlieren möchtest. Des Weiteren ist die Avocado ein fantastischer Energielieferant, stärkt dein Immunsystem und baut die Abwehrkräfte auf.

8. Detox-Wellness-Smoothie

Zutaten für 2 - 4 Smoothie Gläser:

- 2 rote Äpfel
- 1 kleines Stück Ingwer
- 150 g Babyspinat
- 4-5 Basilikumblätter
- 300 ml kaltes Wasser

Kleiner Tipp:

- Um deinen Körper noch besser zu entgiften, empfehle ich dir noch zusätzlich 50 Milliliter Kokoswasser.
- Ingwer kannst du nach Belieben auch ganz weglassen.
- Findest du den Geschmack von Basilikum zu markant, so verwende dafür eine Handvoll Minzblätter. Die Wirkung ist hier dieselbe.

Zubereitung:

1. Zuerst die Äpfel waschen, entkernen und vierteln.
2. Den Babyspinat waschen und gründlich putzen.
3. Basilikumblätter ebenfalls waschen.
4. Anschließend den Ingwer schälen, putzen und halbieren.
5. Alle Zutaten in einen Smoothie Mixer geben und fein pürieren.
6. Zum Schluss in die Smoothie-Gläser füllen und sofort genießen.

Weitere Tipps und Tricks

- Leidest du gerade an einer nervigen Erkältung oder haben dich Schnupfen, Husten, Heiserkeit, Halsschmerzen, Gliederschmerzen und Unwohlsein im Griff? Dann empfehle ich dir diesen Apfel-Ingwer-Smoothie mit Basilikum. Für mich ist er ein geniales Heilmittel, den ich besonders schätze.
- Basilikum hat so unglaublich viele Eigenschaften. Das Wunderkraut, so wie ich es gerne bezeichne, hilft bei Migräne, Kopfschmerzen, Antriebslosigkeit, Nervenschwäche, Schwindelanfällen, Gicht, Blasenentzündung, Menstruationsschmerzen und Wechseljahrbeschwerden. Gleichzeitig kann Basilikum die Heilung von Wunden beschleunigen und hilft bei trockener Haut. Darüber hinaus wirkt Basilikum antibakteriell, tonisierend, antioxidantisch, entgiftend, entschlackend, harntreibend, entzündungshemmend, schleimlösend, schmerzstillend und beruhigend.
- In Verbindung mit Ingwer kannst du bei diesem Smoothie nichts falsch machen. Dieser Smoothie ist umwerfend und köstlich zugleich. Ingwer steht bei mir ganz oben auf der Heilungs-Liste und das nicht ohne Grund. Forscher haben herausgefunden, dass der regelmäßige Konsum von Ingwer gut für unser Gehirn und unsere Leistungsfähigkeit ist. Auch spielt Ingwer bei der Bekämpfung von Alzheimer eine große Rolle. Des Weiteren hilft Ingwer bei Magen-Darm-Beschwerden, Reiseübelkeit, Reizdarm, Völlegefühl und Oberbauchschmerzen. Möchtest du deinen Körper wirkungsvoll entgiften oder einige Kilos abnehmen, dann ist Ingwer perfekt. Ingwer wirkt nämlich sättigend und kurbelt die Fettverbrennung an.

9. Spritziger Darmreiniger

Zutaten für 2 - 4 Smoothie Gläser:

- 4 Grünkohlblätter
- 1 Maracuja
- 1 kleines Stück Ananas
- 1 Handvoll Babyspinat

Kleiner Tipp:

- Um dein Magen-Darm-System noch wohltuender zu regulieren und zu schonen, füge noch 5 EL Naturjoghurt hinzu. Die vegane Variante wäre hier Lupinenjoghurt.
- Zusätzlich empfehle ich dir noch einen Schuss Kokosmilch oder 2 TL Kokosöl.

Zubereitung:

1. Die Maracuja halbieren und das Fruchtfleisch herauslöffeln.
2. Grünkohlblätter und Spinat waschen und gründlich putzen.
3. Anschließend die Ananas schälen und in Stücke schneiden.
4. Alle Zutaten in einen Smoothie Mixer geben und fein pürieren.
5. Zum Schluss in ein Smoothie-Glas füllen und sofort genießen.

Weitere Tipps und Tricks

- Von diesem Smoothie kann ich nie genug bekommen und das hat auch bestimmte Gründe. Ich weiß, Grünkohl ist kein gern gesehener Gast, aber bei diesem Smoothie ist das was anderes. Er schmeckt besonders gut, besitzt eine fruchtige und spritzige Note. Dazu kommt noch, dass er ziemlich gesund ist und wirkungsvolle Eigenschaften besitzt.
- Die Maracuja, oder auch Passionsfrucht genannt, kannst du auslöffeln und als spritzigen Snack genießen oder in Smoothies geben. Tendierst du eher zur zweiten Möglichkeit, dann bist du mit diesem Rezept auf der sicheren Seite. Die Maracuja ist reich an Vitamin C, Vitamin A, Vitamin B, Kalium, Eisen, Zink, Phosphor und Magnesium. Zudem reguliert sie den Blutdruck, kurbelt den Stoffwechsel an, hebt die Laune und ist ein hervorragender Energielieferant. Gleichzeitig befinden sich in den Kernen ungesättigte Fett-säuren, die eine entzündungshemmende und antibakterielle Wirkung besitzen. Vor allem in der Kosmetikbranche hat man das wahre Potenzial der Maracuja für sich entdeckt. In Südamerika verwendet man die Blätter der Maracuja-Pflanze als natürliches Beruhigungsmittel.
- In Deutschland gibt es diverse Passionsblumen-Präparate, die dieselbe Wirkung vorweisen können. Um das Maximum an Energie zu erhalten, habe ich die Ananas gewählt. Sie besitzt eine beachtliche Portion an Vitamin C und enthält natürlichen Fruchtzucker. Das sorgt dafür, dass du deine Leistungsfähigkeit und Konzentration verbessern kannst. Gleichzeitig hilft Ananas bei Verdauungsproblemen, Verstopfungen, Blähungen, Unwohlsein und Bauchschmerzen. Und falls du doch noch ein paar Kilos verlieren willst, bist du mit diesem Smoothie bestens gerüstet. Denn die Ananas unterstützt die Fettverbrennung und wirkt stark sättigend.

10. Reinigender Durstlöscher

Zutaten für 2 - 4 Gläser:

- 1 Handvoll Babyspinat
- 1 Handvoll Feldsalat
- 1 Rote-Bete-Knolle (vorgekocht)
- 100 ml Mandelmilch
- 200 ml kaltes Wasser

Kleiner Tipp:

- Nach Belieben kannst du auch Mandelmilch durch Kuhmilch ersetzen. Kokosmilch ist ebenfalls lecker, gesund und wirkungsvoll.
- Neben der Roten Bete, füge noch eine Handvoll Himbeeren dazu. Die Beeren sorgen dafür, dass die Durchblutung gefördert wird. Natürlich kannst du auch auf gefrorene Beeren zurückgreifen. Hierfür nimmst du eine Tasse und fügst sie zu den anderen Zutaten hinzu.

Zubereitung:

1. Zunächst die Rote Bete putzen und vierteln.
2. Babyspinat und Feldsalat waschen und gründlich putzen.
3. Anschließend alle Zutaten in einen Smoothie Mixer geben und fein pürieren.
4. Zum Schluss in die Smoothie-Gläser füllen und sofort genießen.

Weitere Tipps und Tricks

- Für mich muss ein Smoothie nicht nur gesund sein, auch muss er mir gut schmecken. Natürlich sind einige Smoothies gewöhnungsbedürftig, aber ich versuche immer das Beste daraus zu machen. Bei diesem Spinat-Mandelmilch-Smoothie mit Roter Bete ist das ein ähnlicher Fall, da die Zusammensetzung der Zutaten etwas eigen ist. Ich kann dich aber beruhigen – Er schmeckt super lecker und besitzt einen raffinierten Geschmack. Aber wie sieht es mit den Eigenschaften der Zutaten aus?
- Ich habe mich bewusst für die Rote-Bete-Knolle entschieden, da ich ihre Wirkung besonders schätze. Die Powerknolle ist ein wahres Superfood, das mit vielen Vorteilen punktet. Zum Einen ist sie reich an Vitamin A, Vitamin B, Vitamin B12, Vitamin D, Vitamin C, Vitamin K, Folsäure, Kalium, Natrium, Magnesium und Eisen. Gleichzeitig wirkt die Knolle stark entgiftend und entfernt schädliche Giftstoffe von Leber und Galle. Zum Anderen schützt sie das Herz und die Gefäße, beugt Herzerkrankungen vor und reguliert das Herz-Kreislauf-System. Darüber hinaus reguliert sie den Blutdruck, sorgt für eine schnelle Wundheilung, hilft bei Verdauungsstörungen, senkt den Cholesterinspiegel und kurbelt die Fettverbrennung an.
- Zusätzlich habe ich auch Feldsalat hinzugefügt, damit du zu 100 % gesund und fit bleibst. Feldsalat schützt ebenfalls das Herz und die Gefäße. Des Weiteren wirkt der Feldsalat antioxidantisch, entschlackend, harntreibend, fiebersenkend, darmreinigend, antibakteriell, beruhigend, sättigend, und entzündungshemmend. Es gibt aber noch weitere Eigenschaften, die ich dir nicht vorenthalten möchte. Feldsalat hilft auch bei Migräne, Kopfschmerzen, Verspannungen, Verdauungsstörungen, Blähungen, Verstopfungen, Unwohlsein und Völlegefühl. Frauen die dazu auch noch an Menstruationsschmerzen leiden haben mit Feldsalat ebenso Glück. Er beruhigt den Körper von innen und lässt schlechte Laune im Nu verschwinden.

11. Cremiger Entgiftungstrank

Zutaten für 2 - 4 Smoothie Gläser:

- 200 g frische Brombeeren
- 5 Basilikumblätter
- 2 Bananen
- 1 Handvoll Babyspinat
- 300 ml kaltes Wasser

Kleiner Tipp:

- Neben Brombeeren kannst du auch andere Beeren verwenden. Egal ob Erdbeeren, Himbeeren oder Heidelbeeren - Die Beeren helfen dir, deinen Körper super zu entgiften.
- Gleichzeitig empfehle ich dir noch 2,5 TL Kokosöl dazuzugeben. So bekommt du ausreichend Power für den Tag und dein Körper profitiert ebenfalls davon.

Zubereitung:

1. Als Erstes die Basilikumblätter waschen.
2. Brombeeren verlesen und ebenfalls waschen.
3. Nun die Bananen schälen und in Stücke brechen.
4. Babyspinat waschen und gründlich putzen.
5. Anschließend alle Zutaten in einen Smoothie Mixer geben und fein pürieren.
6. Zum Schluss in die Smoothie Gläser füllen und sofort genießen.

Weitere Tipps und Tricks

- Wenn ich für meine Familie koche, dann darf es auch gern mal etwas spezieller und raffinierter sein. Ich verfeinere meine Gerichte gern mit aromatischen Gewürzen und Kräutern. Ingwer, Safran, Thymian und Basilikum sind meine absoluten Lieblinge. In meiner kleinen Smoothie-Ecke, wo ich mir meinen täglichen Smoothie zubereite, sieht es nicht anders aus. Hier hantiere und experimentiere ich mit den verschiedensten Zutaten und Basilikum ist meistens auch dabei. Jedoch verwende ich nur wenige Blätter, da Basilikum einen recht dominanten Geschmack mit sich trägt.
- Der Brombeeren-Basilikum-Smoothie ist ein gesundes Kunstwerk, das sympathische Eigenschaften mitbringt. Der Geschmack ist umwerfend und die Mischung aus Frucht und Kräutern, ist himmlisch.
- Basilikum gehört zu den sogenannten Superfoods und besitzt gesundheitsfördernde Eigenschaften. In vielen Ländern wird es auch als Heilmittel verwendet und das nicht ohne Grund. Basilikum hilft bei Blasenentzündung, Gicht, Migräne, Kopfschmerzen, Nerven- und Immunschwäche. Zudem wirkt Basilikum fiebersenkend, durchblutungsfördernd, antibakteriell, schweißtreibend, harntreibend, entzündungshemmend, antioxidantisch, schleimlösend, schmerzstillend, entschlackend und beruhigend. Darüber hinaus kann man mit Basilikum Fieber senken, es hilft bei Verstopfungen, Magen-Darm-Beschwerden, Blähungen, Völlegefühl, Magenschwäche, Reizdarm und Unterleibsschmerzen.
- Verbindet man die würzige Note des Basilikums mit Brombeeren so entsteht eine wahre Geschmacksexplosion. Und da ich ein großer Brombeeren-Fan bin konnte ich darauf nicht verzichten. Die gesunde Beere ist reich an Vitamin C, Provitamin A, Vitamin E, Vitamin B, Karotin, Kalium, Kalzium, Kupfer, Magnesium, Eisen, Phosphor und Zink. Des Weiteren werden Gefäße und Herz geschützt, die Durchblutung gefördert und Herzerkrankungen vorgebeugt. Zahnschmerzen und Zahnfleischentzündung werden gelindert, das Immunsystem aufgebaut und die Fettverbrennung angekurbelt.

12. Süßer Kokos-Detox-Smoothie

Zutaten für 2 - 4 Smoothie Gläser:

- 200 g frische Erdbeeren
- 1 Birne
- 200 g Babyspinat
- 2 TL Kokosöl
- 300 ml Kokoswasser

Kleiner Tipp:

- Für mehr Süße kannst du auch eine reife Banane dazugeben. Diese einfach halbieren und dazugeben.
- Bist du allergisch gegen Birnen, so verwende eine Nektarine. Auch eine halbe Cherimoya Frucht ist lecker und wirkungsvoll.

Zubereitung:

1. Als Erstes die Erdbeeren waschen, vom Strunk entfernen und halbieren.
2. Die Birne ebenfalls waschen, entkernen und vierteln.
3. Nun den Babyspinat waschen und gründlich putzen.
4. Anschließend alle Zutaten in einen Smoothie Mixer geben und fein pürieren.
5. Zum Schluss in Smoothie-Gläser füllen und sofort genießen.

Weitere Tipps und Tricks

- Egal ob in der Sommer- oder Winterzeit - Dieser leckere Erdbeeren-Spinat-Smoothie mit Kokoswasser ist immer eine gute Wahl. Ich trinke ihn vor allem dann, wenn ich entgiften und entschlacken möchte, aber auch wenn ich mich unwohl fühle oder unter anderen Beschwerden leide. Er wirkt beruhigend auf meinen Körper und hebt meine Laune.
- Unter anderem habe ich die Erdbeere verwendet, die zu meinen Lieblingsbeeren gehört. Erdbeeren sind reich an Vitamin C, Kalzium, Kalium, Magnesium und Folsäure. Gleichzeitig wirkt sie durchblutungsfördernd, darmreinigend, schmerzlindernd, entgiftend, fiebersenkend, antibakteriell, entzündungshemmend und antioxidantisch. Darüber hinaus, hilft die Erdbeere bei Blutarmut, schützt die Knochen vor Osteoporose und kann Beschwerden von Gicht und Rheuma lindern.
- Aber auch das Kokoswasser ist gesundheitsfördernd und wirkungsvoll. Kokoswasser stärkt dein Immunsystem, baut die Abwehrkräfte auf und ist ein umwerfender Energielieferant. Des Weiteren hilft Kokosnuss bei der Heilung von Wunden, Pickel und Akne. Auch Unreinheiten kannst du mit Kokoswasser lindern und bekämpfen. Leidest du vielleicht an Blähungen, Reizdarm, Oberbauchschmerzen und Magen-Darm-Beschwerden, dann ist Kokoswasser der optimale Begleiter. Hier werden Schmerzen gelindert und Krankheiten vorgebeugt.

13. Sommerliches Entgiftungs-Elixier

Zutaten für 2 - 4 Smoothie Gläser:

- 1 Handvoll Rucola
- 100 g Feldsalat
- 4 Basilikumblätter
- Saft aus einer Limette
- Saft aus 4 Orangen
- 270 ml kaltes Wasser

Kleiner Tipp:

- Hast du schonmal Pak Choi in deinen Smoothie gemischt? Nein? Dann wird es höchste Zeit. Pak Choi ist ein chinesischer Senfkohl, der einen sehr milden und leckeren Geschmack besitzt. Hierfür einfach den Pak Choi gründlich waschen und den Strunk entfernen.

Zubereitung:

1. Rucola und Feldsalat waschen und gründlich putzen.
2. Basilikumblätter ebenfalls waschen.
3. Alle Zutaten in einen Smoothie Mixer geben.
4. Zum Schluss in die Smoothie-Gläser füllen und sofort genießen.

Weitere Tipps und Tricks

- Wenn ich mir einen Smoothie mixe, dann achte ich auf den Fruchtgehalt, den ich zum Zubereiten verwende. Ich finde, dadurch ist der Smoothie bekömmlicher und ich bekomme schnell gute Laune. Der Orangen-Rucola-Smoothie mit Basilikum und Limettensaft gehört definitiv dazu und ist in der Zubereitung sehr leicht.
- Orangen besitzen einen hohen Vitamin-C-Gehalt, stärken das Immunsystem und bauen die Abwehrkräfte auf. Zudem wirken Orangen belebend, aufmunternd, entzündungshemmend, antibakteriell, entgiftend, fiebersenkend und durchblutungsfördernd. Auch kannst du durch die Orange, Leber, Niere und Galle reinigen. Somit werden Giftstoffe und freie Radikale, vom Körper entfernt. Für mich ein wichtiger Aspekt, wenn ich entgiften möchte.
- Basilikumblätter harmonieren wunderbar mit den anderen Zutaten. Die aromatische Note rundet den Smoothie ab und das gefällt mir besonders. Basilikum hat grandiose Eigenschaften, die ich dir kurz aufzählen möchte. Zum Einen hilft Basilikum bei Menstruationsschmerzen, Wechseljahrbeschwerden, Blasenentzündung, Magenschmerzen, Schwächeanfällen, Nerven- und Immunschwäche. Zum Anderen wirkt Basilikum entgiftend, schweißvertreibend, tonisierend, antibakteriell, antioxidantisch, schleimlösend, schmerzlindernd und entzündungshemmend. Des Weiteren kann Basilikum die Libido steigern, Herpes lindern, Hautabschürfungen schneller heilen und Gicht vorbeugen.

14. Superfood-Detox-Drink

Zutaten für 2 - 4 Smoothie Gläser:

- 1 Handvoll Baby-Spinat
- 1,5 TL Spirulina Pulver
- 2 reife Avocados
- ½ reife Banane
- 300 ml kaltes Wasser

Kleiner Tipp:

- Füge zusätzlich noch 3 TL Kokosöl hinzu. So hast du noch eine weitere Vitaminquelle geschaffen und du kannst deinen Körper herrlich entgiften.
- Ersetze das Wasser gern auch durch Kokoswasser und gebe noch eine halbe Salatgurke dazu.

Zubereitung:

1. Als Erstes den Spinat waschen, gründlich putzen und grob hacken.
2. Die Avocados halbieren, entkernen, das Fruchtfleisch heraus löffeln und in Würfel schneiden.
3. Nun die Banane schälen und in dicke Scheiben schneiden.
4. Alle Zutaten in einen Smoothie Mixer geben.
5. Zum Schluss in die Smoothie-Gläser füllen und sofort genießen.

Weitere Tipps und Tricks

- Mit diesem Smoothie kannst du auf keinen Fall etwas falsch machen. Er ist unglaublich gesund, enthält wirkungsvolle Eigenschaften und schmeckt dazu auch noch fantastisch.
- Spirulina, das in dem Smoothie enthalten ist, gehört zu den sogenannten Superfoods. Die blaugrüne Alge ist äußerst gesund und stärkt das Immunsystem und die Abwehrkräfte ungemein. Dazu kommt noch, dass sie reich an Vitamin A, Vitamin B, Vitamin C, Eisen, Kalzium, Kalium, Natrium, Phosphor und Mineralstoffen ist. Außerdem senkt sie den Cholesterinspiegel, reguliert den Blutdruck und hilft bei Magen-Darm-Beschwerden.
- In Verbindung mit einer Portion Spinat ist dieser Smoothie unschlagbar und das solltest du so schnell es geht ausprobieren. Hier werden nämlich die Knochen gestärkt, die Abwehrkräfte aufgebaut und der Stoffwechsel angekurbelt. Gleichzeitig ist dieser Smoothie auch ein entgiftender Begleiter, der deinen Körper wirkungsvoll reinigt.

15. Clean your Soul

Zutaten für 2 - 4 Smoothie Gläser:

- 1 Hokkaidokürbis
- 1 Handvoll Baby-Spinat
- 1 kleines Stück Ingwer
- 5 EL Granatapfelkerne
- 200 ml kaltes Wasser
- 100 ml Traubensaft

Kleiner Tipp:

- Wichtig ist, dass du auf hochwertigen Traubensaft zurückgreifst, der 100 Prozent Saft enthält. Konzentrat oder Nektar ist hierfür ungeeignet. Gehe am Besten in einen Bioladen oder Reformhaus deines Vertrauens und lasse dich kompetent beraten.
- Ich empfehle dir noch zusätzlich 50 ml Rote-Bete-Saft. Er unterstützt die Reinigung deines Körpers und hilft dir bei der Entgiftung.

Zubereitung:

1. Als Erstes den Kürbis schälen, entkernen und in Stücke schneiden.
2. Den Spinat gründlich waschen und putzen.
3. Nun den Ingwer schälen, putzen und grob hacken.
4. Alle Zutaten in einen Smoothie Mixer geben.
5. Zum Schluss in die Smoothie Gläser füllen und sofort genießen.

Weitere Tipps und Tricks

- Dieser Smoothie ist für jede Jahreszeit bestens geeignet. Seine gesundheitsfördernden Eigenschaften sind wirkungsvoll, wohltuend und reinigen den Körper von innen. Auch hilft der Smoothie bei Menstruationsbeschwerden, Magenverstimmung, Bauchschmerzen und Gelenkschmerzen.
- Der Kürbis ist unglaublich gesund, reich an Vitaminen, Eisen, Zink, Magnesium, Phosphor und Beta-Carotin. Zudem schützt Kürbis die Haut vor UV-Strahlen, stärkt das Haarwachstum und hilft bei Haarausfall. Des Weiteren hilft Kürbis, die Sehfähigkeit zu verbessern und beschleunigt die Wundheilung
- Spinat ist ein absoluter Alleskönner und enthält enorm viel Eisen. Außerdem hilft Spinat bei Verdauungsproblemen, Verstopfungen, Blähungen, Bauchschmerzen und Magenverstimmung. Gleichzeitig hilft Spinat bei trockener Haut, Hautrisse und lässt Akne, Pickel und Unreinheiten verschwinden.
- Der Ingwer wird gerne als natürliches Schmerzmittel verwendet, senkt den Cholesterinspiegel, stärkt das Immunsystem, baut die Abwehrkräfte auf, hilft bei Muskel- und Gelenkschmerzen und Migräne. Zusätzlich reguliert Ingwer den Blutdruck, stärkt den Kreislauf und hilft bei Nervenschwäche. Dies sorgt dafür, dass Stress, Panikattacken, Nervosität und Ängste verschwinden.
- Traubensaft ist nicht nur außerordentlich lecker, er ist auch noch dazu sehr gesund. Er reinigt das Blut, fördert die Durchblutung, hilft bei Konzentrationsschwäche und Migräne. Gleichzeitig stärkt er meine Nerven, hilft mir bei Antriebslosigkeit und Erschöpfung.

16. Der Entgiftungs-Wunder-Trank

Zutaten für 2 - 4 Smoothie Gläser:

- 1 Handvoll frischen Löwenzahn
- 1 Banane
- 1 kleines Stück Ingwer
- 1 Birne
- 1 Handvoll Babyspinat
- 1 EL Holunderblütensirup
- 300 ml kaltes Wasser

Zubereitung:

1. Zuerst Löwenzahn und Babyspinat gründlich waschen und putzen.
2. Die Banane schälen und halbieren.
3. Nun den Ingwer schälen, putzen und grob hacken.
4. Anschließend die Birne waschen, entkernen und vierteln.
5. Alle Zutaten in einen Smoothie Mixer geben.
6. Zum Schluss in die Smoothie Gläser füllen und sofort genießen.

Weitere Tipps und Tricks

- Dieser Smoothie ist fruchtig, frisch und außerordentlich gesund. Seine Eigenschaften sind großartig, wohltuend und wirkungsvoll. Zudem kannst du deinen Körper mit diesem Smoothie herrlich entgiften und eine kleine Detox-Pause einlegen.
- Löwenzahn gehört zu den sogenannten Superfoods und ist mega gesund. Löwenzahn wirkt entzündungshemmend, antibakteriell, entschlackend, entgiftend, schweißtreibend, schmerzstillend und krampflösend. Auch ist er in Sachen Erkältung, Schnupfen, Husten, Heiserkeit, Halsschmerzen, Fieber und Gliederschmerzen der perfekte Begleiter. Dazu kommt noch, dass Löwenzahn bei Verstopfungen, Blähungen, Durchfall und Bauchschmerzen hilft.
- Ingwer ist ebenfalls großartig und wird auch als natürliches Schmerzmittel verwendetIngwer stärkt den Körper, das Immunsystem und die Abwehrkräfte, kurbelt den Stoffwechsel an, hilft bei Muskelschmerzen, Hexenschuss, Nackenschmerzen und Muskelzerrung. Gleichzeitig hilft Ingwer bei Magen-Darm-Beschwerden, Nervenschwäche und Menstruationsbeschwerden. Er reguliert die Verdauung, stärkt die Darmflora und die Darmaktivität. Des Weiteren schützt Ingwer das Herz, die Gefäße, hilft bei Infektionen, grippalen Infekt, Übelkeit und Erbrechen.
- Babyspinat gehört auch zur Kategorie "Superfood". Er ist reich an Eisen, Vitaminen, Magnesium, Mineralstoffe, Zink, Kalzium, Kalium, Spurenelementen und Jod. Zudem senkt Spinat den Cholesterinspiegel, stärkt die Abwehrkräfte und das Immunsystem und lässt Migräne, Erschöpfung, innere Unruhe, Alltagsstress, Panikattacken und Nervosität verschwinden. Dieser köstliche Smoothie ist zum entschlacken ein fantastischer Begleiter, der dich mit wichtigen Vitaminen und Nährstoffen versorgt.

17. Vitaler Entgiftungs-Zauberdrink

Zutaten für 2 - 4 Smoothie Gläser:

- 1 Stück Hokkaido Kürbis
- ½ Banane
- ½ Birne
- 1 säuerlicher Apfel
- 1 Bund Möhrengrün
- 1 Handvoll Feldsalat
- 1 Handvoll Minze
- 1 Handvoll glatte Petersilie
- 1 kleines Stück Ingwer
- 1 TL Zimt
- 300 ml kaltes Wasser

Zubereitung:

1. Zuerst den Kürbis schälen, entkernen und in Stücke schneiden.
2. Die Banane schälen und in dicke Scheiben schneiden.
3. Nun die Birne und den Apfel waschen, entkernen und in Würfel schneiden.
4. Das Möhrengrün und den Feldsalat gründlich waschen und putzen.
5. Anschließend die Minze und die Petersilie waschen.
6. Alle Zutaten in einen Smoothie Mixer geben.
7. Zum Schluss den Inhalt in Smoothie-Gläer füllen und sofort genießen.

Weitere Tipps und Tricks

- Einen vitalen Smoothie mixen ist eine wirklich einfache Sache. Besitzt man einen guten und robusten Smoothie Maker, kann man einiges kreieren und das macht großen Spaß.
- Dieser Smoothie, den ich dir auf keinen Fall vorenthalten möchte, hat es voll in sich. Die gesundheitlichen Eigenschaften sind großartig, sie stärken den Körper zu stärken halten ihn vital.
- Dadurch, dass in diesem Smoothie Ingwer enthalten ist, wird aus ihm ein wahrer Wunder-Entgiftungs-Smoothie. Ingwer ist außerordentlich gesund und hilft bei fast allen Beschwerden. Zum Einen wirkt Ingwer antibakteriell, entzündungshemmend, entgiftend, schleimlösend, schmerzstillend und auch krampflösend. Zum Anderen wird Ingwer auch als natürliches Schmerzmittel verwendet und kurbelt auch den Stoffwechsel extrem an.
- Die Banane ist ebenfalls gesund, reguliert die Verdauung, hilft bei Magenverstimmung, Immunschwäche und Nervenschwäche. Auch ist die Banane ein hervorragender Energielieferant, der dir beim Start in den Tag sehr behilflich sein kann.
- Des Weiteren hilft die Birne bei Verstopfungen, Durchfall, Blähungen, Bauchschmerzen und Magenbeschwerden. Auch kann die Birne das Immunsystem und die Abwehrkräfte stärken, sie hilft bei Halsschmerzen und Heiserkeit.
- Was du ebenfalls wissen solltet ist, dass die frische Minze dir einen frischen Atmen verleihen kann, bei Migräne und innerer Unruhe unglaublich gut hilft.

18. Der Detox-Alleskönner

Zutaten für 2 - 4 Smoothie Gläser:

- 1 kleines Stück Ingwer
- 1 grüner Apfel
- 1 Banane
- 1 TL Kokoscreme
- ½ TL Zimt
- 1 Handvoll frische Minze
- 1 Handvoll glatte Petersilie
- 1 Handvoll Zitronenmelisse
- 1 Handvoll Koriander
- 125 ml Kokoswasser
- 200 ml kaltes Wasser

Zubereitung:

1. Zuerst Ingwer schälen und halbieren.
2. Den Apfel waschen, entkernen und vierteln.
3. Anschließend die Banane schälen und halbieren.
4. Minze, Petersilie, Zitronenmelisse und Koriander gründlich waschen und putzen.
5. Kokoswasser und Kokoscreme vorab miteinander vermengen und gut verrühren.
6. Anschließend Alle Zutaten in einen Smoothie Mixer geben und pürieren.
7. Zum Schluss in die Smoothie-Gläser füllen und sofort genießen.

Weitere Tipps und Tricks

- Glaub mir, Smoothies können wahre Wunder bewirken. Vor allem helfen Smoothies bei gesundheitlichen Beschwerden, sind gut für Geist und Körper. Außerdem ist das Herstellen eines Smoothies super einfach, denn mehr als einen Smoothie Maker brauchst du nicht. Dieser köstliche Smoothie mit frischen Kräutern gehört auf jeden Fall dazu und hilft bei so vielen Beschwerden.
- Zum Einen kurbelt Ingwer den Stoffwechsel an, wirkt entzündungshemmend, antibakteriell, schleimlösend und schmerzstillend. Zum Anderen kann Ingwer bei Magenschmerzen, Erkältung, Schnupfen, Husten, Heiserkeit, Halsschmerzen, Fieber und Gliederschmerzen helfen. Auch beugt Ingwer Nierenerkrankungen, Rheuma, Gicht und Herz-Kreislauf-Erkrankungen vor.
- Äpfel sind ebenfalls äußerst gesund und enthalten insgesamt über 30 verschiedene Vitamine, die direkt unter der Schale liegen. Des Weiteren fördern Äpfel die Durchblutung, stärken den Kreislauf, helfen bei Verstopfungen, Verdauungsproblemen, Blähungen und Magenverstimmung. Für dich kann dieser Smoothie nur was Gutes heißen und alle Zutaten, die in diesem Smoothie enthalten sind, sind extrem gesund.
- Auch Kokoswasser tut deinem Körper gut und das ist ein weiterer Grund, Smoothies zu trinken. Kokoswasser stärkt das Immunsystem, baut die Abwehrkräfte auf, hilft bei Migräne, schützt das Herz und die Gefäße. Außerdem liefert Kokoswasser der Haut reichlich Feuchtigkeit und das sorgt dafür, dass deine Haut wieder straffer wird, gesünder aussieht und auch ihre natürliche Elastizität wieder bekommt.
- Kurz und knapp gesagt - Dieser leckere und wohltuende Smoothie kann dein Leben auf positiver Art und Weise beeinflussen.

19. Fruity Detox-Juice

Zutaten für 2 - 4 Smoothie Gläser:

- 2 rote Äpfel
- 1 kleines Stück Ananas
- 1 Handvoll frische Minze
- 5 Basilikumblätter
- Etwas Brunnenkresse
- 1 TL gemahlener Anis
- 1 TL Zimt
- Saft einer BIO-Zitrone
- 300 ml kaltes Wasser

Zubereitung:

1. Zuerst die Äpfel waschen, entkernen und in Stücke schneiden.
2. Die Ananas schälen, putzen und in kleine Würfel schneiden.
3. Minze, Brunnenkresse und Basilikum waschen und putzen.
4. Anschließend alle Zutaten in einen Smoothie Mixer geben und pürieren.
5. Zum Schluss in die Smoothie-Gläser füllen und sofort genießen.

Weitere Tipps und Tricks

- Dieser Smoothie ist ein absoluter Detox Smoothie, der mit einem Smoothie Mixer ziemlich leicht herzustellen ist. Vor allem die Zutaten sind so entscheidend, da sie deinem Körper jede Menge Energie und Kraft liefern.
- Basilikum, das in dem Smoothie enthalten ist, wird sehr oft unterschätzt. Aufgrund der gesundheitsfördernden Eigenschaften von Basilikum, ist es für jede Jahreszeit bestens geeignet. Zum Einen wirkt Basilikum schmerzlindernd, krampflösend, beruhigend, antibakteriell, entzündungshemmend und harntreibend. Zum Anderen hilft Basilikum bei Magenverstimmungen, Darminfektionen, Schwindelanfällen, Migräne, Verstopfungen, Blähungen, Hautrissen und stärkt zudem auch noch die Nerven. Somit lässt Basilikum Panikattacken, innere Unruhe, Nervosität und Ängste im Nu verschwinden.
- Die Zitrone hat ebenfalls einiges auf Lager und davon kann dein Körper und deine Gesundheit auf jeden Fall profitieren. Die Zitrone enthält unglaublich viel Vitamin C, stärkt die Abwehrkräfte und baut das Immunsystem wieder auf. Auch hilft sie bei Verdauungsproblemen, Verstopfungen, Magenverstimmungen und Bauchkrämpfen. Gleichzeitig hilft sie bei Erkältung, Husten, Schnupfen, Heiserkeit, Gliederschmerzen und Fieber.
- Ebenso möchte ich dir die heilende Wirkung von Zimt erläutern, da sie großartig sind. Zimt gilt bis heute noch als Naturheilmittel. In vielen Ländern wird Zimt in der Alternativ-Medizin angewendet. Des Weiteren wirkt Zimt entzündungshemmend, antibakteriell, schmerzstillend und krampflösend. Auch beugt Zimt Herz-Kreislauf-Erkrankungen, Parkinson, Gicht und Rheuma vor. Ebenso fördert Zimt die Durchblutung, schützt Herz und Gefäße, fördert die Darmaktivität und reguliert die Darmflora. Falls du an Kreislaufproblemen leidest, kann dir Zimt ebenfalls helfen. Es reguliert zudem auch noch den Blutdruck und stärkt die Knochen, die Muskulatur und hilft auch bei Gelenkschmerzen.

20. Sympathischer Detox-Cocktail

Zutaten für 2 - 4 Smoothie Gläser:

- 1 Stück Butternutkürbis, ½ Karotte
- 1 grüner Apfel, 1 Handvoll frische Minze
- 1 kleines Stück Ingwer,
- 1 Mango
- 100 ml Buttermilch, 300 ml kaltes Wasser
- 3 EL Naturjoghurt, ½ EL Zimt

Kleiner Tipp:

- Liegt dir der Kürbis zu schwer im Magen oder bist du kein großer Fan davon, so kannst du auch eine Frucht nehmen. Hierfür kannst du gerne eine halbe Ananas verwenden oder auch eine Papaya.

Zubereitung:

1. Als Erstes den Kürbis schälen und in Stücke schneiden.
2. Die Karotte waschen, putzen und ebenfalls in Stücke schneiden.
3. Nun den Apfel waschen, entkernen und vierteln.
4. Anschließend den Ingwer schälen und halbieren.
5. Die frische Minze waschen und putzen.
6. Danach die Mango schälen, das Fruchtfleisch vom Kern entnehmen und grob hacken.
7. Alle Zutaten in einen Smoothie Mixer geben und pürieren.
8. Zum Schluss in die Smoothie-Gläser füllen und sofort genießen.

Weitere Tipps und Tricks

- Kürbis, Ingwer und Apfel - Eine bessere Kombination gibt es kaum. Dieser Smoothie ist der Inbegriff von einem "gesunden Leben" und auch super leicht in der Herstellung. Du musst eigentlich nicht viel beachten oder irgendwelchen Anweisungen nachgehen – Alle Zutaten einfach in den Smoothie Maker rein und in wenigen Minuten kannst du einen leckeren und wohltuenden Smoothie genießen, der dazu noch stark entgiftend und entschlackend wirkt.
- Der Butternutkürbis gehört zu meinen Favoriten unter den Kürbissen. Das liegt daran, dass der Geschmack mild ist und eine feine und süße Note besitzt. Dazu ist auch die Verarbeitung des Kürbisses sehr einfach. Im Gegensatz zum Hokkaidokürbis hat der Butternut-Kürbis kaum Kerne und das ausleeren ist somit sehr einfach. Aber auch die gesundheitlichen Aspekte solltest du nicht unterschätzen. Zum Einen fördert der Kürbis die Durchblutung, schützt das Herz und die Gefäße. Zum Anderen enthält der Kürbis Unmengen an Beta-Carotin und schützt die Haut vor UV-Strahlen.
- Auch der Naturjoghurt, der in dem Smoothie enthalten ist, hilft dir bei einer gesunden und bewussten Ernährung. Joghurt hilft bei Verdauungsproblemen, Verstopfungen, Blähungen und Bauchschmerzen. Gleichzeitig schützt Joghurt die Darmflora, stärkt die Darmaktivität, wirkt entzündungshemmend und antibakteriell.
- Die Buttermilch hat ebenfalls einiges auf Lager und versorgt die Haut mit reichlich Feuchtigkeit, was dafür sorgt, dass deine Haut wieder strahlt, gesund aussieht und auch ihre natürliche Elastizität wieder erhält.
- Der sympathische Detox-Cocktail ist somit der perfekte Begleiter in Sachen Gesundheit und Vitalität.

21. Der wunderliche Entschlackungsdrink

Zutaten für 2 - 4 Smoothie Gläser:

- 2 Pfirsiche
- 1 Birne
- 1 kleines Stück Ingwer
- 1 Handvoll frische Minze
- 1 Handvoll Zitronenmelisse
- 200 ml Fencheltee
- 100 ml kaltes Wasser

Zubereitung:

1. Die Pfirsiche waschen und entkernen.
2. Nun die Birne ebenfalls waschen, entkernen und vierteln.
3. Danach den Ingwer schälen, putzen und fein hacken.
4. Die frische Minze und die Zitronenmelisse waschen, trocken tupfen und fein hacken.
5. Alle Zutaten in einen Smoothie Mixer geben und pürieren.
6. Zum Schluss in die Smoothie-Gläser füllen und sofort genießen.

Weitere Tipps und Tricks

- Kann ein Smoothie die Gesundheit positiv beeinflussen? Ja, auf jeden Fall. Vor allem dieser leckere und bekömmliche Entschlackungsdrink gehört zu dieser Sorte.
- Fencheltee, der auch zu den Zutaten des Smoothies gehört, besitzt wirkungsvolle Eigenschaften, die ich dir gerne verraten möchte. Zum Einen wird Fenchel als Superfood eingestuft und das spricht schon für sich. Zum Anderen ist Fenchel reich an Eisen, Kalzium, Folsäure, natürliches Jod, Beta-Carotin, Vitamin C, Vitamin B, Vitamin E, Vitamin B6, Vitamin B12, Magnesium und Mineralstoffen. Des Weiteren beugt Fenchel Alzheimer, Rheuma, Gicht, Nierenerkrankungen und Herz-Kreislauf-Erkrankungen vor. Außerdem schützt Fenchel das Herz und die Gefäße, schützt die Nieren und reduziert Darmerkrankungen.
- Ingwer ist mindestens genauso gesund und wird als natürliches Schmerzmittel verwendet. In vielen Ländern wird der Ingwer auch in der Alternativ-Medizin in jeglicher Hinsicht angewendet. Zudem kurbelt er den Stoffwechsel extrem an, stärkt das Immunsystem, baut die Abwehrkräfte auf, hilft bei Verdauungsproblemen, Verstopfungen, Durchfall und Magenverstimmung. Zudem hilft Ingwer, dass du deinen Körper wohltuend und wirkungsvoll entschlacken, entgiften und reinigen kannst. Ein wahres Wunder in Sachen "innere Reinigung". Ingwer hilft zudem gezielt bei Schnupfen, Husten, Heiserkeit, Halsschmerzen, Fieber, Gliederschmerzen und innerer Erschöpfung. Und weil wir gerade bei Erschöpfung sind - Ingwer stärkt auch das Nervensystem. Somit verschwinden Nervosität, Panikattacken, Schwindelanfälle, innere Unruhe und Ängste.

Wirkungsvolle Smoothies zum Abnehmen

Du musst dich genau fragen was du mit einem leckeren Smoothie erreichen möchtest. Entgiftung, innere Schönheit und mehr Energie kannst du mit Smoothies auf jeden Fall bewirken. Aber Smoothies können noch viel mehr. Wäre es nicht schön, wenn du noch ein paar Kilos verlieren könntest - Und das auf gesunde Art und Weise? Das wäre fantastisch und es ist überhaupt nicht schwer.

Ich persönlich wollte immer ein paar Pfunde verlieren aber ich wusste nicht genau wie ich das anstellen konnte. Es ist nicht immer leicht sein Traumgewicht zu erreichen und es dann letztendlich zu halten. Mit meinen ganz speziellen Smoothie Rezepten, die ich für dich zusammengestellt habe, kannst du genau das bewältigen. Das Schöne daran ist - Du musst weder hungern, noch leidest du beim Abnehmen.

Durch die positiven Eigenschaften der Zutaten, erreichst du dein Wunschgewicht ganz automatisch und musst dich nicht quälen. Denn das größte Problem beim Abnehmen ist nicht die Disziplin. Nein, es ist die Motivation und das Glücklichsein das dir beim Abnehmen fehlt. Fühlst du dich glücklich und motiviert, so macht dir das Abnehmen auch eine Menge Spaß.

Viel Spaß bei der Zubereitung!

1. Das himmlische Abnehmwunder

Zutaten für 2 - 4 Smoothie Gläser:

- 1 Stück Ananas
- 2 EL Kokosöl
- 1 TL Anis
- ½ TL Zimt
- 1 Banane
- 1 Passionsfrucht
- 1 Handvoll Basilikum
- 1 Handvoll glatte Petersilie
- Etwas getrockneten Thymian
- 200 ml Kokoswasser
- 100 ml kaltes Wasser

Zubereitung:

1. Als erstes die Ananas schälen und in Stücke schneiden.
2. Die Passionsfrucht halbieren und das Fruchtfleisch heraus löffeln.
3. Nun die Bananen schälen und halbieren.
4. Basilikum, Thymian und glatte Petersilie waschen und putzen.
5. Alle Zutaten in einen Smoothie Mixer geben und pürieren.
6. Zum Schluss in die Smoothie-Gläser füllen und sofort genießen.

Weitere Tipps und Tricks

- Dieser wirkungsvolle und gesunde Smoothie duftet lieblich nach frischen Kräutern. Mit seinen Zutaten kann man sicher hinterher nur wohl fühlen. Anis, Zimt, Kokoswasser und Kokosöl gehören zu den gesündesten Zutaten weltweit und das nicht ohne Grund. Gerne möchte ich dir die einzelnen Zutaten etwas näher bringen - So macht das Trinken eines Smoothies noch mehr Spaß!
- Kokosöl und auch Kokoswasser kurbeln den Stoffwechsel extrem an, fördern die Durchblutung und regulieren den Kreislauf. Auch der Blutdruck wird gestärkt und dazu werden noch Herz und Gefäße geschützt. Des Weiteren hilft Kokosöl bei fast allen Beschwerden und man kann Kokosöl bei jeder Kleinigkeit anwenden. Zusätzlich hilft Kokosöl bei trockener Haut und lässt Pickel, Akne und Unreinheiten im Nu verschwinden. Und Kokoswasser liefert der Haut jede Menge Feuchtigkeit. Somit wird die Haut gesünder und erhält ihre natürliche Elastizität wieder zurück.
- Zimt, das ebenfalls in dem Smoothie enthalten ist, gilt als wirkungsvolles Heilmittel. Es wirkt entzündungshemmend, antibakteriell, schleimlösend, schmerzlindernd und beruhigend. Gleichzeitig beugt Zimt Alzheimer, Gicht, Parkinson, Herz-Kreislauf-Erkrankungen und Nierenerkrankungen vor. Dazu kommt noch, dass Zimt bei Bakterien und Pilzerkrankungen hilft, Mundgeruch verschwinden lässt und auch bei Karies eine gute Entscheidung ist.
- Wusstest du, dass Anis sehr gesund ist? In vielen Ländern ist Anis ebenfalls als "Wundermittel" bekannt und dafür gibt es genügend Quellen. Anis hilft bei Mundgeruch, Appetitlosigkeit, Schlafstörungen, Blähungen, Durchfall und Erkältung.

2. Gesunder Abnehm-Zwerg

Zutaten für 2 - 4 Smoothie Gläser:

- 1 kleine Dose Artischocken (vorgekocht)
- 1 Stück Porree
- 1 gelbe Mini-Paprikaschote
- 1 rote Mini-Paprikaschote
- 3 Kumquats-Früchte
- 300 ml kaltes Wasser

Zubereitung:

1. Als erstes die Artischocken aus der Dose nehmen, durch ein Sieb gegeben und mehrmals waschen.
2. Nun den Porree putzen und einmal durchschneiden.
3. Anschließend die gelbe und rote Paprikaschote waschen, entkernen und grob würfeln.
4. Danach die Kumquats-Früchte schälen, entkernen und grob hacken.
5. Alle Zutaten in einen Smoothie Mixer geben und pürieren.
6. Zum Schluss in die Smoothie-Gläser füllen und sofort genießen.

Weitere Tipps und Tricks

- Zugegeben, dieser Smoothie hört sich sehr gewöhnungsbedürftig an und man kann sich kaum vorstellen, dass er schmecken könnte. Jedoch muss ich dir etwas gestehen - Er schmeckt fantastisch. Dieser Smoothie, der auch mit einem leistungsschwachen Smoothie Maker hergestellt werden kann, punktet in jeder Hinsicht. Die Zutaten sind alle gesund und tun deinem Körper unglaublich gut. Gleichzeitig sorgt er dafür, dass du Gewicht verlieren kannst und das ist genau das, was du möchtest.
- Vor allem die Artischocken heben sich von der Masse ab und das auf positive Art und Weise. Zum Einen helfen sie bei Verdauungsproblemen, Verstopfungen, Blähungen, Durchfall, Magenverstimmungen und Bauchkrämpfen. Zum Anderen regulieren Artischocken den Blutdruck, stärken den Kreislauf, helfen bei Schwindelanfälle und bekämpfen Nervosität, Panikattacken, innere Unruhe und Ängste auf schonende Weise. Gleichzeitig sind Artischocken reich an Vitamin C, Vitamin D, Vitamin A, Folsäure, Eisen, Kalzium, Kalium, Magnesium und Mineralstoffe.
- Kumquats-Früchte sind in Deutschland noch nicht allzu bekannt aber ähnlich wie die Orangen, besitzen sie ebenfalls viel Vitamin C. Sie stärken das Immunsystem und die Abwehrkräfte und helfen bei Erkältung, Schnupfen, Fieber, Heiserkeit und Gliederschmerzen.
- Wie du merkst ist dieser köstliche und wohltuende Smoothie, ein wahres Wundermittel und hilft bei fast allen Beschwerden. Der Smoothie ist dazu noch ein großartiger Energielieferant, bringt gute Laune, wärmt den Körper von innen und fördert dazu auch noch die Heilung von Wunden. Auch ist dieser Smoothie für Frauen sehr bekömmlich, da er auch bei Menstruations- und Wechseljahrbeschwerden helfen kann. Zusätzlich kurbelt er den Stoffwechsel an, hilft bei Haarausfall, bei der Fettverbrennung, bei einer unangenehmen Blasenentzündung und auch bei Sodbrennen. Ausprobieren musst du diesen Smoothie auf alle Fälle! Und da er auch noch sättigend wirkt, ist er der ideale Begleiter in Sachen Diäten.

3. Vitaler Abnehm-Smoothie

Zutaten für 2 - 4 Smoothie Gläser:

- Etwas frischen Koriander
- 2 rote Äpfel
- 1 kleines Stück Ingwer
- Saft einer halben Limette
- 250 g Babyspinat oder Feldsalat
- 300 ml kaltes Wasser

Zubereitung:

1. Zuerst Koriander waschen und putzen.
2. Die roten Äpfel ebenfalls waschen, entkernen und vierteln.
3. Nun den Ingwer schälen, putzen und halbieren.
4. Babyspinat oder Feldsalat waschen und gründlich putzen.
5. Alle Zutaten in einen Smoothie Mixer geben und fein pürieren.
6. Zum Schluss in die Smoothie-Gläser füllen und sofort genießen.

Weitere Tipps und Tricks

- Möchtest du Gewicht verlieren, dich fit fühlen, deinen Körper entschlacken und entgiften? Dann ist der Koriander-Apfel-Smoothie mit Ingwer die optimale Wahl. Ich liebe diesen Smoothie und die wohltuende Kombination aus all den Zutaten. Gern möchte ich dir die positiven Eigenschaften etwas näher bringen - Du wirst beeindruckt sein!
- Koriander ist für mich ein absolutes Wunderkraut und das nicht ohne Grund. Das aromatische und köstliche Gewürz hilft meinem Körper beim Entgiften. Koriander bindet die Moleküle von Giftstoffen und transportiert sie aus dem Körper hinaus. Zudem fördert sie die Durchblutung, hilft bei Blutarmut, reguliert das Herz-Kreislauf-System und schützt das Herz. Darüber hinaus kann Koriander diverse Krankheiten vorbeugen. Hierzu zählen Arthritis und Rheuma. Und wenn du Verdauungsprobleme hast, dich aufgebläht oder unwohl fühlst - Dann kann dir Koriander ebenfalls helfen.
- Eine weitere Zutat, die ich liebend gern verwende, ist die Limette. Meist in Form von Saft, die ich in meinen Smoothie gebe. Ich wähle die Limette gern, weil sie mir den Extra-Kick an Booster überträgt. Auch ist sie etwas milder im Geschmack als die Zitrone. Wie auch schon der Koriander kann dir die Limette bei Verdauungsproblemen helfen. Sie versorgt deine Haut mit Feuchtigkeit, kurbelt den Stoffwechsel an und hilft bei Nierensteinen. Gleichzeitig wirkt sie entzündungshemmend, antibakteriell, entgiftend, reinigend und antioxidantisch.

4. Flippiger Schlankmacher

Zutaten für 2 - 4 Smoothie Gläser:

- 3 Grünkohlblätter
- 1 kleines Stück Sellerie
- 2 rote Äpfel
- 300 ml kaltes Wasser

Zubereitung:

1. Zuerst die Grünkohlblätter waschen und gründlich putzen.
2. Sellerie ebenfalls waschen und halbieren.
3. Nun die Äpfel waschen, entkernen und vierteln.
4. Anschließend alle Zutaten in einen Smoothie Mixer geben und fein pürieren.
5. Zum Schluss in die Smoothie-Gläser füllen und sofort genießen.

Weitere Tipps und Tricks

- Zugegeben, Grünkohl hört sich nicht wirklich appetitlich an. Ich kann dir jedoch garantieren, dass dir dieser Smoothie, sehr gut schmecken wird. Durch die roten Äpfel bekommt der Smoothie eine himmlische Note, die du lieben wirst. Somit ist dieser Smoothie für Anfänger, aber auch für Fortgeschrittene gut geeignet.
- Grünkohl ist sehr bekömmlich, eine hervorragende Energie- und Proteinquelle und sorgt für gute Laune. Das heilende Superfood hat aber noch mehr auf Lager. Zum Einen hilft Grünkohl bei Verdauungsproblemen, Magen-Darm-Beschwerden, Bauch-schmerzen und Unterleibsschmerzen. Zum Anderen kannst du mit Grünkohl gleichzeitig den Cholesterinspiegel senken, das Immunsystem stärken und deine Abwehrkräfte aufbauen. Und wenn du wirklich entgiften und deine Fettverbrennung ankurbeln möchtest, dann ist Grünkohl mehr als perfekt. Denn das gesunde Gemüse wirkt stark sättigend und kann lästige Heißhungerattacken stoppen.
- Damit du mit diesem Smoothie zu 100 % entschlacken und entgiften kannst, habe ich noch ein kleines Stück Sellerie dazugegeben. Sellerie ist ebenfalls ein Profi in Sachen Entgiftung. Er wirkt stark entgiftend, entschlackend, entzündungshemmend, antioxidantisch und verdauungsfördernd. Des Weiteren ist er frei von Cholesterin und Fett. Ich persönlich wähle Sellerie sehr gern und das aus guten Gründen. Sellerie ist nämlich reich an Vitamin A, Vitamin B, Vitamin C, Vitamin E, Folsäure, Silizium, Kalium, Kalzium, Magnesium, Zink, Eisen, Schwefel und Kupfer.

5. Weg-mit-den-Kilos-Smoothie

Zutaten für 2 - 4 Smoothie Gläser:

- 2 Birnen
- 1 Avocado
- 150 g Rucola
- 1 kleines Stück Ingwer
- 0,5 TL Zimt
- 300 ml kaltes Wasser

Zubereitung:

1. Als Erstes die Birnen waschen, entkernen und vierteln.
2. Die Avocado ebenfalls entkernen und das Fruchtfleisch grob würfeln.
3. Rucola waschen und gründlich putzen.
4. Anschließend alle Zutaten in einen Smoothie Mixer geben und fein pürieren.
5. Zum Schluss in die Smoothie-Gläser füllen und sofort genießen.

Weitere Tipps und Tricks

- Ich habe in den letzten Jahren, unzählige Smoothie Rezepte kreiert und habe somit eine wunderbare Sammlung zusammengestellt, die ich mit dir teilen möchte. Es sind wirkungsvolle Rezepte, die entgiftend wirken und dich gesund machen. Der Rucola-Birnen-Smoothie mit Ingwer und Zimt gehört ebenfalls dazu und kann dir bei jeglichen Beschwerden helfen.
- Zimt ein aromatisches und gesundheitsförderndes Gewürz, das ich nicht nur beim Essen verwende. Auch in Smoothies ist Zimt eine grandiose Idee. Die heilende Wirkung ist einzigartig und kaum zu überbieten. Zum Einen wirkt Zimt stark entgiftend und kann deinen Körper von schädlichen Giften befreien. Zum Anderen bekämpft das Gewürz Entzündungen, heilt beschädigte Zellen und lindert Gicht- und Arthritis-Symptome. Darüber hinaus reguliert Zimt den Blutdruck, senkt den Cholesterinspiegel und die Blutzuckerwerte, schützt das Herz und die Gefäße und kann Herzerkrankungen vorbeugen. Menschen, die an Diabetes leiden, sollten ebenfalls zum Zimt greifen.
- Die köstliche Mischung aus Birne und Zimt ist wirklich wunderbar. Ich liebe den Geschmack einer süßen Birne und bekomme dadurch sofort gute Laune. Aber auch diese Frucht hat beachtliche Eigenschaften, die du kennen solltest. Besonders die reife Birne ist sehr bekömmlich und kann bei Sodbrennen, Magenschmerzen und Völlegefühl helfen. Des Weiteren kurbelt sie die Fettverbrennung an, lässt Heißhungerattacken verschwinden, stärkt das Immunsystem und baut die Abwehrkräfte auf. Gleichzeitig helfen Birnen schlechtes Cholesterin abzubauen. Leidest du unter Verdauungsstörungen, dann ist die Birne mehr als perfekt. Sie reguliert das Magen-Darm-System, verbessert die Darmflora, hilft bei Übelkeit und Bauchschmerzen.

6. Beeriges Abnehmwunder

Zutaten für 2 - 4 Gläser:

- 2 Avocados
- 100 g frische Blaubeeren
- Saft einer Limette
- 200 g Babyspinat

Zubereitung:

1. Zuerst die Avocados entkernen und das Fruchtfleisch grob würfeln.
2. Den Babyspinat waschen und gründlich putzen.
3. Nun die Blaubeeren verlesen und waschen.
4. Anschließend alle Zutaten in einen Smoothie Mixer geben und fein pürieren.
5. Zum Schluss in die Smoothie-Gläser füllen und sofort genießen.

Weitere Tipps und Tricks

- Dieser herrliche und spritzige Blaubeeren-Avocado-Smoothie mit Limettensaft sorgt umgehend für gute Laune. Das ist wohl einer der Gründe, wieso ich ihn so gerne zubereite. Aber auch die gesundheitsfördernden Eigenschaften heben meine Laune im Nu. Es ist ein schönes Gefühl, wenn ich weiß, dass ich etwas für meine Gesundheit tue. Und genau dasselbe Empfinden kannst du mit diesem Smoothie spüren und erleben.
- Die Limette ist etwas milder im Geschmack als die Zitrone. Sie verbessert dein Hautbild, hilft bei Akne, Pickel, Unreinheiten und Entzündungen. Des Weiteren fördert sie die Verdauung, lindert Bauchschmerzen und Magenbeschwerden. Auch reguliert sie das Herz-Kreislauf-System, schützt das Herz und die Gefäße und kann Herzerkrankungen, Schlaganfälle und Herzinfarkt vorbeugen.
- Möchtest du dazu auch noch ein paar Kilos verlieren und deinen Körper entgiften, so ist dieser Smoothie mehr als perfekt. Seine antioxidantische Wirkung beeinflusst deinen Körper positiv. Gleichzeitig wird auch noch die Fettverbrennung angekurbelt.
- Blaubeeren besitzen ebenfalls eine entgiftende und entschlackende Wirkung. Dazu kommt noch, dass du Migräne, Kopfschmerzen und Gelenkbeschwerden lindern kannst. Auch helfen Blaubeeren bei Zahnschmerzen, Zahnfleischentzündungen, Verdauungsstörungen, Menstruationsbeschwerden und Unterleibsschmerzen.
- Fühlst du dich oft angeschlagen, schlapp und müde - So musst du diesen Smoothie unbedingt trinken. Er wirkt belebend, hilft bei Antriebslosigkeit und Nerven-schwäche. Auch Panikattacken und Angstzustände, kannst du mit diesem Getränk lindern.

7. Hokuspokus Schlankmacher

Zutaten für 2 - 4 Gläser:

- 200 g Heidelbeeren
- ½ Quitte
- 1 Passionsfrucht
- 1 Banane
- 1 TL Matcha-Pulver
- 3 Saftorangen
- 1 Rosmarin-Stängel
- 1 Handvoll frische Minze
- ½ TL Zimt
- 300 ml kaltes Wasser

Zubereitung:

1. Die Heidelbeeren verlesen und waschen.
2. Nun die Quitten schälen, und entkernen.
3. Anschließend die Passionsfrucht halbieren und das Fruchtfleisch heraus löffeln.
4. Rosmarin-Spitzen vom Stängel entnehmen, waschen, trocken tupfen und grob hacken.
5. Nun die frische Minze waschen und putzen.
6. Anschließend alle Zutaten in einen Smoothie Mixer geben und fein pürieren.
7. Zum Schluss in die Smoothie-Gläser füllen und sofort genießen.

Weitere Tipps und Tricks

- Orangen besitzen unglaublich viel Vitamin C und sind somit die Nummer Eins in Sachen Gesundheit. Orangen stärken das Immunsystem, bauen die Abwehrkräfte auf und helfen auch bei Gliederschmerzen. Des Weiteren wirken Orangen entzündungshemmend, antibakteriell, schmerzstillend und krampflösend.
- Auch Matcha, das in diesem Smoothie enthalten ist, ist extrem gesund. Zum Einen hat es mit der speziellen Verarbeitung der Teeblätter zu tun, die mit einer Steinmühle gemahlen werden. Zum Anderen ist Matcha reich an Vitamin A, Vitamin B, Vitamin E, Aminosäure und L-Theanin. Zudem enthält Matcha Tee dreimal so viel Vitamin C wie eine Orange. Die Fettverbrennung wird angekurbelt, wodurch du schneller Gewicht verlieren kannst. Matcha Tee fördert außerdem die Konzentration, stärkt ebenfalls das Immunsystem und hilft auch bei jeglichen Schmerzen und Beschwerden.
- Und zu guter letzt möchte ich dir noch die gesunden Eigenschaften der Passionsfrucht erläutern. Die Passionsfrucht erinnert sofort an Urlaub - Sonne und warmes Wetter. Ihr Duft ist fruchtig und auch ihr Aussehen ist sehr speziell. Die Passionsfrucht ist reich an Vitamin A, Vitamin B1, Vitamin B6, Vitamin B2, Vitamin B5, Vitamin H, Vitamin K, Vitamin E, Eisen, Kalzium, Kalium, Folsäure, Natrium, Schwefel, Phosphor und Magnesium. Gleichzeitig beugt sie Herz-Kreislauf-Erkrankungen, Lebererkrankungen, Gicht, Rheuma und Alzheimer vor, stärkt das Immunsystem, kurbelt ebenfalls den Stoffwechsel an, schützt das Herz und die Gefäße. Falls du deine lästige und nervige Erkältung nicht los wirst, solltest du ebenfalls auf die Passionsfrucht zurückgreifen. Sie hilft bei Schnupfen, Husten, Halsschmerzen, Fieber und Gliederschmerzen.

8. Sonniges Abnehm-Früchtchen

Zutaten für 2 - 4 Gläser:

- 2 Mandarinen
- 1 klitzekleines Stück Ingwer
- 3 Saftorangen
- 2 Kaki-Früchte
- 1 Handvoll frische Minze
- 1 Banane
- 1 TL Zimt
- 1 TL Anis
- 100 ml kaltes Wasser
- 200 ml Orangensaft

Zubereitung:

1. Zuerst die Mandarinen schälen.
2. Den Ingwer schälen, putzen und halbieren.
3. Nun die Orangen schälen, entkernen und grob hacken.
4. Anschließend die Kaki-Früchte in Stücke schneiden.
5. Danach die frische Minze waschen und putzen.
6. Die Banane schälen und halbieren.
7. Anschließend alle Zutaten in einen Smoothie Mixer geben und fein pürieren.
8. Zum Schluss in die Smoothie-Gläser füllen und sofort genießen.

Weitere Tipps und Tricks

- Dieser Smoothie ist für jede Jahreszeit genau der richtige Begleiter. Er ist wohltuend, gesund und dazu auch noch wirkungsvoll. Vor allem Zimt und Anis verleihen dem Ganzen eine aromatische Note und das macht ihn noch raffinierter.
- Ingwer ist einer der gesündesten Zutaten weltweit und hilft bei fast allen Beschwerden. Ingwer wird nicht nur als natürliches Schmerzmittel verwendet, auch hilft Ingwer bei Erkältung, Schnupfen, Husten, Heiserkeit, Halsschmerzen, Fieber, Erschöpfung und Gliederschmerzen. Dazu kommt noch, dass Ingwer Herz-Kreislauf-Erkrankungen, Rheuma, Alzheimer und auch Parkinson vorbeugt. Des Weiteren schützt Ingwer das Herz und die Gefäße, hilft bei Gelenk- und Muskelschmerzen.
- Auch Zimt ist ein wundervolles Gewürz, das jede Menge gesundheitsfördernde Eigenschaften enthält. Zum Einen reguliert Zimt den Blutdruck und stärkt den Kreislauf. Zum Anderen beugt es Herzerkrankungen vor und schützt ebenfalls Herz und Gefäße. Außerdem sollten Menschen, die an Diabetes leiden, die Vorzüge von Zimt in Anspruch nehmen. Auch Pilzinfektionen, Bakterien und Salmonellen sind vor Zimt nicht sicher. Nicht ohne Grund wird Zimt auch als natürliches Heilmittel verwendet.
- Auch Bananen besitzen wundervolle Eigenschaften, die ich dir gerne näher bringen möchte. Bananen sind hervorragende Energielieferanten und helfen dir vital und fit in den Tag zu starten. Gleichzeitig helfen Bananen bei Durchfall und Bauchschmerzen. Auch Magenverstimmung, Kreislaufprobleme, Schwindel und Menstruations-beschwerden nimmt die Banane gerne in Angriff.
- Mit diesem leckeren Smoothie bist du definitiv auf der sicheren Seite und dazu kommt auch noch, dass er gute Laune verbreitet. Toll, oder?

9. Der wirkungsvolle Gewichtverlierer

Zutaten für 2 - 4 Gläser:

- 3 Kumquats-Früchte
- 1 Bund Löwenzahn
- ½ TL Matcha-Pulver
- 1 Stück Porree
- 1 Avocado
- ½ Banane
- 1 Birne
- 3 Datteln
- 300 ml kaltes Wasser

Zubereitung:

1. Als erstes die Kumquats-Früchte schälen und halbieren.
2. Löwenzahn gründlich waschen und putzen.
3. Nun den Porree waschen und putzen.
4. Anschließend die Avocado entkernen und das Fruchtfleisch grob hacken.
5. Danach die Birne waschen, entkernen und vierteln.
6. Nun die Datteln entkernen.
7. Anschließend alle Zutaten in einen Smoothie Mixer geben und fein pürieren.
8. Zum Schluss in die Smoothie-Gläser füllen und sofort genießen.

Weitere Tipps und Tricks

- Mit Kumquats, Avocado und Datteln ist dieser Smoothie nicht nur gesund. Selbst in der Zubereitung ist dieser Smoothie wie ein Kinderspiel – einfach und unkompliziert.
- Die Avocado ist eine sehr gesunde Frucht, die deinen Körper positiv beeinträchtigt. Sie senkt den Cholesterinspiegel, stärkt das Immunsystem, baut die Abwehrkräfte auf und kurbelt den Stoffwechsel an. Zudem hilft die Avocado bei Verstopfungen, Durchfall, Verdauungs-beschwerden und Magenverstimmung. Auch stärkt sie die Darmflora und reguliert die Darmaktivität. Gleichzeitig beugt die Avocado Herz-Kreislauf-Erkrankungen, Rheuma, Gicht, Parkinson und Alzheimer vor. Dazu kommt noch, dass die Avocado reich an Vitamin A, Vitamin C, Vitamin B, Vitamin B6, Vitamin B12, Vitamin E, Kalzium, Kalium, Eisen, Mangan, Natrium, natürliches Jod, Folsäure und Magnesium ist.
- Die Datteln besitzen ebenfalls positive und wirkungsvolle Eigenschaften, die oft unterschätzt werden. Zum Einen wirken Datteln entzündungshemmend, antibakteriell, sättigend, beruhigend und krampflösend. Zum Anderen sind sie reich an Ballaststoffen, Magnesium, Beta-Carotin, Vitamin A, Vitamin C, Vitamin B, Eisen, Kalzium und Kalium. Auch sind Datteln großartige Energie-Lieferanten, die den Start in den Tag erleichtern und dazu noch gute Laune vermitteln. Des Weiteren beugen sie Herz- und Nierenerkrankungen vor und auch das Risiko eines Schlaganfalls verringert sich durch den Verzehr von Datteln.
- Möchtest du gezielt ein paar Kilos verlieren, so trinke diesen Smoothie. Er wirkt auf natürliche Art und Weise sättigend und stillt somit Heißhungerattacken.

10. Green Skinny-Smoothie

Zutaten für 2 - 4 Gläser:

- 1 Salatgurke
- 1 Bund glatte Petersilie
- 3 Saftorangen
- 75 ml Apfelsaft
- 220 ml Orangensaft

Zubereitung:

1. Zuerst die Salatgurke waschen, putzen und in Stücke schneiden.
2. Nun die glatte Petersilie gründlich waschen und putzen.
3. Die Orangen schälen, entkernen und in grobe Würfel schneiden.
4. Anschließend alle Zutaten in einen Smoothie Mixer geben und fein pürieren.
5. Zum Schluss in die Smoothie-Gläser füllen und sofort genießen.

Weitere Tipps und Tricks

- Eins muss ich dir erzählen: Dieser wohltuende Smoothie wirkt entschlackend, entgiftend, antibakteriell und entzündungshemmend. Er ist somit der perfekte Begleiter, wenn du einen neuen und gesunden Lebensweg gehen möchten. Seine Eigenschaften sind mehr als perfekt und helfen dir auch bei der Gewichtsabnahme.
- Die Salatgurke enthält 90 Prozent Wasser und hilft bei Verstopfungen, Blähungen und Bauchschmerzen. Die Gurke ist ein leichter Begleiter mit dem du nichts falsch machen kannst. Zudem ist die Gurke bekömmlich und hilft bei Migräne, Magenverstimmung, Pickeln, Akne und Unreinheiten. Auch senkt sie den Cholesterinspiegel, stabilisiert den Kreislauf, stärkt die Darmflora und reguliert die Darmaktivität.
- Orangen sind reich an Vitamin C, Zink, Eisen, Magnesium, Kalzium, Mineralstoffen und Phosphor. Dazu kommt noch, dass Orangen den Stoffwechsel ankurbeln, das Immunsystem stärken und die Abwehrkräfte aufbauen. Gleichzeitig helfen Orangen bei Erschöpfung, Migräne, Menstruationsbeschwerden, Darminfektionen und Blähungen.
- Leidest du unter innerer Unruhe und Angstzuständen? Dann trinke diesen Smoothie und spüre die wundervolle Wirkung.

11. Kleiner Abnehm-Wichtel

Zutaten für 2 - 4 Gläser:

- 5 Saftorangen
- 3 Limetten
- 2 reife Bananen
- 150 ml Orangensaft
- 250 ml kaltes Wasser

Zubereitung:

1. Als Erstes die Orangen schälen, entkernen und grob hacken.
2. Die Limetten ebenfalls schälen und grob hacken.
3. Nun die Bananen schälen und halbieren.
4. Anschließend alle Zutaten in einen Smoothie Mixer geben und fein pürieren.
5. Zum Schluss in die Smoothie-Gläser füllen und sofort genießen.

Weitere Tipps und Tricks

- Köstliche Smoothies haben viele Vorteile. Sie schmecken fantastisch und sind unglaublich gesund. Dieser Power-Drink, der dir auch noch hilft abzunehmen, gehört ebenfalls dazu und seine Eigenschaften sind hervorragend. Ich liebe diesen Smoothie, da er erfrischend und belebend wirkt.
- Saftige Orangen sind reich an Vitamin C und somit perfekt in Sachen Erkältung, Schnupfen, Fieber und Gliederschmerzen. Auch kurbeln Orangen den Stoffwechsel an, stärken das Immunsystem, helfen bei der Fettverbrennung und bauen die Abwehrkräfte auf. Des Weiteren helfen Orangen bei Erschöpfung, Verstopfungen, Blähungen und Bauchschmerzen. Bist du momentan sehr müde und fühlst dich angeschlagen? Dann sind Orangen perfekt und unterstützen dich in jeder Hinsicht.
- Limetten besitzen ebenfalls jede Menge Vitamin C, bauen das Immunsystem auf und wirken entzündungshemmend, antibakteriell, belebend, schleimlösend, entgiftend, entschlackend und schmerzstillend. Gleichzeitig sind Limetten ebenfalls wirkungs-volle Fettkiller und gehören zum Abnehmen dazu. Ich persönlich verwende super gern Limetten und sie sind für mich die milde Variante zu Zitronen.

12. Der raffinierte Abnehmhelfer

Zutaten für 2 - 4 Gläser:

- 250 g Naturjoghurt
- 1 kleine Dose Mandarinen
- 2 TL Kokosöl
- Schuss Mandarinensaft
- 150 ml Vollmilch
- 100 ml kaltes Wasser

Zubereitung:

1. Alle Zutaten in einen Mixer geben und fein pürieren.
2. Zum Schluss in die Smoothie-Gläser füllen und genießen.

Weitere Tipps und Tricks

- Mandarinen und Kokosöl? Ja, diese Kombination ist nicht nur lecker, sondern auch gleichzeit noch gesund und wohltuend. Zudem sorgen sie dafür, dass du dich fit und vital fühlst. Möchtest du ein paar Kilos verlieren oder dein Traumgewicht halten? Dann ist dieser Smoothie mehr als perfekt. Er besitzt wohltuende und gesundheits-fördernde Eigenschaften, die dich gesund halten.
- Kokosöl regt den Stoffwechsel an, stärkt das Immunsystem und baut dazu auch noch die Abwehrkräfte auf. Gleichzeitig wirkt Kokosöl entgiftend, entschlackend, anti-bakteriell, schmerzlindernd, krampflösend und entzündungshemmend.
- Mandarinen sind reich an Vitamin B, Vitamin B1, Vitamin B2 Vitamin C und Vitamin A. Sie stärken die Konzentration, das Immunsystem und die Nerven. Auch lindern sie Migräne, Kopfschmerzen, Bauchschmerzen und Magen-Darm-Beschwerden.
- Aber auch Naturjoghurt hat seine Vorteile, die ich dir nicht vorenthalten möchte. Durch den Verzehr von Joghurt, kannst du dein Magen-Darm-System regulieren und deine Darmflora stärken. Und auch wenn du unter Bauch- und Menstruationsschmerzen leidest solltest du Naturjoghurt essen.
- Wie du lesen kannst, ist dieser Smoothie nicht nur ein gesunder, sondern auch super leckerer Begleiter.

13. Frischer Fettverbrenner

Zutaten für 4 Gläser:

- 2 reife Bananen
- 100 ml Bananensaft
- 2 Limetten
- 50 ml Orangensaft
- 50 ml Apfelsaft
- 225 ml kaltes Wasser
- 1 TL Honig

Zubereitung:

1. Als Erstes die Bananen schälen und in Stücke brechen.
2. Nun die Limetten halbieren und den Saft auspressen.
3. Anschließend alle Zutaten in einen Mixer geben und fein pürieren.
4. Zum Schluss in die Gläser füllen und genießen.

Weitere Tipps und Tricks

- Raffiniert, fruchtig und belebend – So kann man diesen Smoothie beschreiben. Für Einsteiger aber auch für Profis ist dieser Smoothie ein wahres Abenteuer. Die Zutaten sind bekömmlich, wirkungsvoll und gesundheitsfördernd.
- Die Bananen, die in dem Smoothie enthalten sind, liefern dir jede Menge Energie, helfen bei Durchfall, verbreiten gute Laune, bauen das Immunsystem auf und stärken die Abwehrkräfte. Auch wirken Bananen sättigend, wodurch jegliche Heißhungerattacke sofort aus dem Weg geräumt wird. Gleichzeitig helfen Bananen be Migräne, Kopfschmerzen, Bauchschmerzen und Magen-Darm-Beschwerden.
- Die Limetten sind reich an Vitamin C und helfen bei Erkältung, Husten, Schnupfen, Gliederschmerzen, Fieber und Heiserkeit. Des Weiteren regulieren Limetten ebenso den Magen-Darm-Trakt, den Kreislauf und den Blutdruck. Auch verbessern Limetten das Hautbild, liefern der Haut viel Feuchtigkeit und lassen Akne und Pickel verschwinden. Ich mag den leichten und milden Geschmack von Limetten und sie peppen jeden Smoothie wunderbar auf. Zudem sind Limetten raffinierte Helfer beim Abnehmen.

14. Der Super-Schlankmacher-Smoothie

Zutaten für 2 - 4 Gläser:

- 1 Handvoll Babyspinat
- 2 TL Kokosöl
- 150-200 g frische Brombeeren
- 100 ml Kokosmilch
- 250 ml kaltes Wasser

Zubereitung:

1. Brombeeren erstmal verlesen und waschen.
2. Anschließend den Babyspinat waschen und gründlich putzen.
3. Alle Zutaten in einen Smoothie Mixer geben und fein pürieren.
4. Zum Schluss in die Gläser füllen und sofort genießen.

Weitere Tipps und Tricks

- Kokos, Spinat und Brombeeren - Was für eine grandiose und raffinierte Mischung. Ich finde Smoothies ziemlich cool und sehr unkompliziert. Überleg mal - In nur wenigen Minuten hast du dir einen Drink gemixt, der dich gesund und fit hält. Daher greife ich gerne zum Smoothie Mixer und teste neue Rezepte.
- Der Spinat-Kokos-Smoothie mit Brombeeren gehört auch dazu und ich liebe seinen wunderbaren Geschmack. Aber nicht nur die kulinarische Ebene ist ein Pluspunkt, auch besitzt er gesundheitsfördernde Eigenschaften, die ich dir näher erläutern möchte.
- Brombeeren sind wahre Vitaminbomben und das braucht dein Körper besonders. Die leckeren Beeren sind reich an Vitamin C, Vitamin B, Vitamin B2, Vitamin B6, Beta-Carotin, Folsäure, Natrium, Kalzium, Phosphor, Eisen und Zink. Des Weiteren schützen Brombeeren dein Herz, fördern die Durchblutung, stärken das Immunsystem und bauen die Abwehrkräfte auf. Gleichzeitig wird dein Stoffwechsel und die Fettverbrennung angekurbelt.
- Kokosöl, auf das ich ungern verzichte, ist ein wahrer Alleskönner. Ich verwende Kokosöl liebend gern in der Küche und verfeinere dort gern meine Gerichte. Aber auch in Smoothies ist Kokosöl ein gern gesehener Gast. Kokosöl macht schöne und weiche Haut, das Öl lässt deinen Teint strahlen und deine Haare bekommen einen schönen und natürlich Glanz. Gleichzeitig wirkt Kokosöl antibakteriell, entzündungs-hemmend, antioxidantisch, entgiftend, entschlackend, durchblutungsfördernd und belebend. Du kannst es zu jeglichen Beschwerden anwenden und ich garantiere dir: Kokosöl hilft immer.

15. Die wohltuende Schlankheitskur

Zutaten für 2 - 4 Gläser:

- Saft aus 4 Orangen
- 7-10 EL Naturjoghurt
- 2 Avocados
- 300 ml kaltes Wasser

Zubereitung:

1. Zunächst die Avocados entkernen und das Fruchtfleisch grob hacken.
2. Anschließend alle Zutaten in einen Smoothie Mixer geben und fein pürieren.
3. Zum Schluss in die Smoothie-Gläser füllen und sofort genießen.

Weitere Tipps und Tricks

- Wenn es mal wirklich schnell gehen muss, dann ist ein Smoothie die perfekte Wahl. In nur wenigen Minuten hast du deine optimale Ration an Vitaminen und Nährstoffen gezaubert. Eine wunderbare Sache und dazu schmecken sie auch sehr gut. Das Besondere daran ist, dass du unzählige Möglichkeiten hast, wie du deinen Smoothie zubereiten möchtest. Das gibt dir einen gigantischen Freiraum, den du unbedingt ausnutzen musst.
- Der Orangen-Joghurt-Smoothie mit Avocados ist eine fruchtige und milde Variante, die du unbedingt testen musst. Er ist sowohl für Anfänger, als auch für Fortgeschrittene bestens geeignet. Zudem ist die Zubereitung sehr leicht und die gesundheitsfördernden Eigenschaften sind phänomenal.
- Für diesen Smoothie habe ich Joghurt verwendet, den ich sehr gut vertrage, obwohl ich an einer Laktoseintoleranz leide. Falls du ebenfalls davon betroffen bist, lass dich vom Joghurt nicht abschrecken. Dadurch, dass Joghurt ein Sauermilchprodukt ist und nicht wärmebehandelt wurde, kannst du es gut vertragen. Naturjoghurt besitzt zudem ein hohes Kalzium-Gehalt, das unser Körper unbedingt braucht. Auch hilft Naturjoghurt bei Verdauungsproblemen, verbessert die Darmflora und schont das Magen-Darm-System.
- Aber auch die Avocado ist ein gern gesehener Gast in meiner Küche. Die Avocado ist eine wunderbare Quelle für gesunde Fette und dadurch kannst du deinen Cholesterinspiegel senken. Gleichzeitig kann die Avocado deinen Blutdruck regulieren, deinen Kreislauf und dein Immunsystem stärken. Zudem wirkt die Avocado sättigend, entschlackend, antibakteriell, durchblutungsfördernd und darmreinigend.

Schlusswort

Zunächst einmal gratuliere ich dir, dass du dir das gesamte Buch durchgelesen hast. Ich weiß, dass es dir in diesem Moment jetzt schon besser geht und das ist auch gut so. Ich möchte dir mit diesem Buch eine große Hilfe sein. Ich möchte dich unterstützen, dich positiv beeinflussen und dir eine wichtige und langjährige Stütze sein - Das habe ich mir mit diesem Buch zur Aufgabe gemacht. Nachdem du dir das gesamte Buch durchgelesen hast, lass es erstmal intensiv auf dich einwirken. Genieße und überdenke jedes einzelne Wort und atme tief durch. Im Anschluß kannst du eigentlich sofort starten und dein Leben einen gesünderen und vitaleren Sinn geben. Du wirst schnell merken, dass du dich Superwohl fühlen und neue Energie einholen wirst - Genauso ging es mir ebenfalls. Und glaub mir - Es ist ein wunderschönes Gefühl, wenn du das Leben aus einer anderen Perspektive siehst.

Mit meinen köstlichen, gesunden und raffinierten Smoothie Rezepten hast du zahlreiche Begleiter gefunden, die dir gut tun werden. Smoothies die deine Laune heben, dich fitter machen und die dir neue Lebenskraft geben werden. Da ich die Rezepte in diversen „Kategorien" eingeteilt habe, hast du somit den besten Überblick und kannst deine Bedürfnisse, auf herrliche Art und Weise, stillen und befriedigen. Und wenn du mal nicht weiter weißt, einen Rat brauchst oder einfach nur mal stöbern möchtest - Dieses Buch hilft dir immer und immer wieder. Ich wünsche dir auf deinem neuen und vitalen Weg alles erdenklich Gute. Fühle dich wohl und lass es dir gut gehen.

Dir hat das Buch weitergeholfen und du willst das Projekt unterstützen? Dann lass andere Menschen von deiner Meinung profitieren, indem du das Buch auf Amazon bewertest. Nutze dazu folgenden Link, um bequem auf die Bewertungsseite zu kommen: https://pixelfy.me/74iR0G.

Falls du mit dem Buch unzufrieden bist oder du uns gerne deine Verbesserungsvorschläge mitteilen möchtest, dann kontaktiere uns unter: info@hunting-phoenix.de.

Alles Liebe, deine

Angelina Larsson

ÜBER DIE AUTORIN

Die charmante Angelina Larsson wurde 1993 in der kosmopolitischen Metropole Malmö an der schwedischen Südküste geboren und verließ im Alter von sieben Jahren gemeinsam mit ihrer Familie ihre Heimat.

Ihre Faszination für Heil- und Naturpflanzen sowie Ernährung, Gesundheit und Fitness übernahm sie von ihrem – mittlerweile verstorbenen – Vater. Dabei lebt die liebevolle Angelina ihr Leben nach dem Motto: „Es kommt nicht darauf an, dem Leben mehr Jahre zu geben, sondern den Jahren mehr Leben zu geben." Doch was ist, wenn man nicht nur den Jahren mehr Leben, sondern gleichzeitig auch dem Leben mehr Jahren gibt?

Das ist eine Frage, mit der sich Angelina sehr intensiv auseinandersetzt und in ihren Büchern beantwortet, mit denen sie bereits Tausenden von Menschen zu einem vitaleren Lebensgefühl geführt hat. Dabei sieht die anstrebende Sachbuchautorin im Leben und in der Welt enorm viel ungenutztes Potenzial, mit denen wir ein glückliches und erfülltes Leben führen können. Um diese Chancen vollkommen nutzen und auskosten zu können, müssen wir unser Fundament ordentlich setzen und unsere Gesundheit im Blick halten.

Haftungsausschluss

Die Verwendung der Informationen in diesem Buch und die Umsetzung derselben erfolgt ausdrücklich auf eigenes Risiko. Der Autor oder der Verleger können für etwaige Unfälle und Schäden jeder Art, die sich bei der Zubereitung der Speisen ergeben, aus keinerlei Rechtsgrund die Haftung übernehmen.

Haftungsansprüche gegen den Autor oder den Verleger für Schäden jeglicher Art, die durch die Nutzung der Informationen in diesem Buch, bzw. durch die Nutzung fehlerhafter und/ oder unvollständiger Informationen verursacht wurden, sind ausgeschlossen. Folglich sind auch Rechts- und Schadenersatzansprüche ausgeschlossen. Der Inhalt dieses Werkes wurde mit größter Sorgfalt erstellt und überprüft. Der Autor und Verleger übernehmen keine Gewähr und Haftung für die Aktualität, Korrektheit, Vollständigkeit und Qualität der bereitgestellten Informationen.

Druckfehler können nicht vollständig ausgeschlossen werden. Weiterhin beruht der Inhalt dieses Werkes auf persönlichen Erfahrungen und Meinungen des Autors und des Verlegers. Somit werden weder Diagnosen gestellt, noch Heilversprechen abgegeben. Der Inhalt darf nicht mit medizinischer Hilfe verwechselt werden. Alle Aussagen oder Inhalte innerhalb des Buches und welche, die in der Produktion, im Marketing und dem Vertrieb o.ä. des Buches zusammenhängen, wurden weder von einem Arzt, noch einem Heilpraktiker oder Psychologen verfasst.

Dabei werden keine Heilbehandlungen im Sinne des Gesundheitsgesetzes oder nach Richtlinien des Heilpraktikergesetztes durchgeführt. Die Zubereitung von Speisen ersetzt weder ärztlich verordnete Medikamente oder Therapien, noch eine medizinische oder psychiatrische Behandlung. Unser Buch enthält Links zu externen Webseiten Dritter, auf deren Inhalte wir keinen Einfluss haben. Deshalb können wir für diese fremden Inhalte auch keine Haftung/ Gewähr übernehmen. Für die jeweiligen Inhalte der verlinkten Seiten ist der jeweilige Anbieter oder Betreiber der Seiten verantwortlich. Die Adressen können im Laufe der Zeit vereinzelt ungültig werden bzw. kann sich der Inhalt ändern.

Printed in Poland
by Amazon Fulfillment
Poland Sp. z o.o., Wrocław

66241538R00120